CONFESIONES
DE UN ARRENDADOR
DE SECCIÓN 8

Autora: Sara Aviles

Copyright © 2023 Sara Aviles

Todos los derechos reservados.

Prohibida la reproducción, distribución o transmisión, ya sea por medios electrónicos, mecánicos, fotocopias, grabaciones u otros, de cualquier parte de esta publicación sin previo permiso por escrito de la autora, de acuerdo con las disposiciones de las secciones 107 y 108 de la Ley de Propiedad Intelectual de los Estados Unidos de 1976. Para solicitar autorización, por favor, comuníquese con el autor.

Limitación de Responsabilidad/Descargo de Garantía: Este libro está concebido exclusivamente para entretenimiento. El contenido se presenta "tal cual" y no hacemos representaciones o garantías, ya sean expresas o implícitas, sobre su exactitud o integridad. La información aquí contenida no reemplaza el asesoramiento profesional. Además, los nombres de todas las personas mencionadas han sido cambiados para salvaguardar su privacidad. En ningún caso los autores o editores serán responsables de daños directos, indirectos, incidentales, especiales o consecuentes relacionados con el uso o incapacidad de uso de este libro. Todas las referencias en esta obra son meramente informativas y no garantizan su exactitud o cualquier otro propósito implícito o explícito. Al leer este libro, usted acuerda liberar al autor y al editor de cualquier reclamo, daño o responsabilidad relacionados con el uso de esta obra.

Datos de Publicación:

Edición en Rústica ISBN: 978-1-66640-602-3
Edición en eBook ISBN: 978-1-66640-601-6

Tabla de Contenidos

El Comienzo del Fin 4

Manojo de Mentiras 15

El Caso de la Administradora Ausente 20

La Manitas Problemática 28

El Político Corrupto 39

La Unidad Prestada 44

El Manitas Útil 48

La Artista del Engaño 52

Viviendas Subvencionadas: lo Bueno, lo Malo y lo Feo 57

El Robin Hood de la Calle 65

El Ataque de las Cucarachas 68

El Gigante Gentil 75

La Ruleta Rusa Eléctrica 81

El Temido Incidente de Resbalón y Caída 86

Vendiendo lo Invendible 92

Aprendiendo del Fracaso 98

Epilogo – Retribución 109

Fuentes 122

Confesiones de un Arrendador de Sección 8

El Comienzo del Fin

"¡¿Qué estoy haciendo?!" me repetía una y otra vez mientras trabajaba incansablemente, lidiando con okupas, informes de inquilinos que instalaban piscinas en sus unidades y tratando de mantener a raya al capo local de la droga que había convertido nuestro edificio de apartamentos en su base de operaciones. Mis fuerzas estaban al límite después de haber asumido la autogestión de un complejo de apartamentos con 12 unidades en una de las ciudades más peligrosas de Estados Unidos. Esta ciudad tenía una población de alrededor de 320,000 habitantes y había registrado casi 40 homicidios en un año, la mayoría de los cuales ocurrieron dentro de una milla de nuestra propiedad.

Permítanme proporcionarles algunos antecedentes sobre mí. Siempre he tenido una obsesión por el sector inmobiliario. Bueno, en realidad, me obsesioné con el sector inmobiliario después de asistir a una clase obligatoria en la universidad sobre "Cómo gestionar una vivienda". Al principio, pensé que sería una completa pérdida de tiempo, pero poco podía imaginar cómo cambiaría mi vida. El instructor resultó ser sorprendentemente entretenido y tenía una carrera exitosa en el sector inmobiliario. Además, esta era la única clase que enseñaba. La lección más valiosa que extraje de esa clase fue la importancia de invertir para tomar decisiones financieras sólidas a largo plazo, y su inversión preferida era el sector inmobiliario. Me presentó el libro de Robert Kiyosaki, "Padre Rico Padre Pobre", y eso fue un punto de inflexión. Me enamoré del sueño de liberarme de la "carrera de ratas" y comencé a establecer objetivos medibles para calcular cuánto tiempo me llevaría lograr la libertad financiera. Después de todo, ¿qué veinteañero no sueña con jubilarse temprano con ingresos pasivos? Así que, con la vista puesta en el futuro, invertí todo mi tiempo, dinero y energía en hacer realidad ese sueño.

Devoré una cantidad innumerable de libros sobre el sector inmobiliario y ahorré cada dólar que podía para mi primer pago inicial. Mientras otros estudiantes disfrutaban de comer fuera, yo hacía cuentas minuciosas para alcanzar mi objetivo. Cuando finalmente me gradué de la universidad a los 21 años, apenas podía permitirme comprar mi primera propiedad. Era una pequeña casa unifamiliar que había sido recientemente renovada por completo. Mi novio, quien ahora es mi esposo, y yo nos mudamos allí justo después de graduarnos, invirtiendo solo $16,000 como pago inicial, con planes de alquilarla tan pronto como pudiéramos comprar nuestra segunda propiedad. El pago de la hipoteca era lo máximo que podía permitirme, pero sabía que el riesgo valdría la pena.

En pocos años, logramos adquirir nuestra segunda propiedad. Cada vez que compraba una propiedad, experimentaba un miedo abrumador que me provocaba náuseas. Sentía que estaba al borde de un precipicio, a punto de lanzarme al vacío. Sin embargo, sabía que el riesgo valía la recompensa.

Tras mudarnos, nos encontrábamos nuevamente ajustados de fondos, ya que teníamos que cumplir con los requisitos de dos hipotecas para hacer la mudanza. Afortunadamente, la nueva casa estaba a menos de 30 minutos de distancia, lo que nos permitió gestionar nuestro primer alquiler sin problemas. Todo parecía encajar a la perfección. La casa que habíamos dejado atrás estaba completamente renovada cuando la compramos, por lo que no teníamos que preocuparnos por mantenimiento diferido, y además, tuvimos la suerte de contar con los mismos maravillosos inquilinos durante más de cuatro años.

Unos años después, agotados por el estrés de un trabajo de ventas y luchando para llegar a fin de mes después de la llegada de nuestro bebé, tomamos la decisión de que necesitábamos un reinicio en nuestras vidas. Mi deseo apasionado era quedarme en casa y cuidar a mi hijo, especialmente porque las opciones de guardería asequibles eran limitadas. Tomamos una decisión drástica: vendimos nuestras dos propiedades y nos mudamos con mis suegros. En mi mente, esto parecía el epítome del fracaso. ¿Quién a los 28 años quiere mudarse con sus padres? En mi caso, mis suegros. Aunque fue una elección dolorosa, en retrospectiva, esta decisión realmente nos ayudó a impulsar nuestra carrera como inversionistas y me dio la oportunidad de criar a mi hijo. Además, sorprendentemente, fortaleció mi relación con mi suegra.

Planificando cuidadosamente el momento oportuno en el mercado, vendimos nuestra primera propiedad de inversión por casi el doble de su precio original. Luego, utilizando un intercambio 1031, una herramienta que nos permitió aplazar el pago de impuestos sobre las ganancias de capital, conservamos nuestros beneficios y nos mudamos a un complejo de apartamentos de 12 unidades. Aunque habíamos investigado otras ciudades, las tasas de capitalización eran del 5% o menos, lo cual no nos entusiasmaba. Para aquellos no familiarizados con la terminología inmobiliaria, la tasa de capitalización es la relación entre los ingresos netos anuales de una propiedad y su valor de mercado. Sin tener en cuenta el financiamiento, dicha tasa representa el rendimiento de la propiedad. Un día, encontramos una propiedad con una tasa de capitalización del

9%. Emocionados, hicimos una oferta el mismo día. En nuestros veintitantos años y con una confianza quizás injustificada, nos embarcamos en la aventura de comprar nuestro primer complejo de apartamentos a seis horas de distancia. Pero, como descubriríamos, no sería tan fácil como parecía.

Nuestra primera inversión fue un éxito, lo que nos hizo pasar por alto la importancia de la ubicación en la que compramos. Pensábamos que si manteníamos la propiedad el tiempo suficiente, todo estaría bien. Mis tíos habían tenido una pequeña casa unifamiliar en una zona más atractiva de la ciudad que habían alquilado durante más de 15 años sin problemas significativos. No consideramos la estabilidad de la ciudad en ese momento, lo que resultó en una sorpresa desagradable. La ciudad había caído en bancarrota recientemente, lo que significaba impuestos a la propiedad exorbitantes. Cuando inspeccionamos el edificio de apartamentos de 12 unidades, el clima era agradable, habíamos disfrutado de un almuerzo delicioso en un restaurante de moda, y la ciudad parecía aceptable. Sin embargo, esto resultó ser una anomalía. Terminamos comprando una propiedad en una de las ciudades más peligrosas de Estados Unidos, en las peores cuatro manzanas de esa ciudad.

Incluso las compañías de seguros se negaron a cubrir este edificio. Con solicitudes de seguros denegadas una tras otra, asumimos que obtener un seguro para un edificio de apartamentos era simplemente complicado. Al final, tuvimos que conformarnos con la única aseguradora dispuesta a cubrir ese edificio. Por supuesto, las compañías de seguros sabían más que nosotros. La calle donde se encontraba la propiedad era conocida por los tiroteos a policías, los desfiles de capos de la droga y lo que un inquilino nuestro llamaba el "gueto que cuida del gueto". Nos esperaba un viaje tumultuoso mientras gestionábamos una propiedad de clase F justo cuando la pandemia de Covid-19 azotaba la nación.

Sin lugar a duda, uno se da cuenta de que tiene una manzana podrida cuando todas las empresas de gestión de propiedades de buena reputación se rehúsan a tomar las riendas. Una tras otra, al indagar sobre la dirección, respondían con cortesía pero tajantes: "Esta no es una propiedad adecuada para nosotros", sin proporcionar explicación alguna. Otra respuesta recurrente que se convirtió en una de mis favoritas era: "¿Está consciente de lo que ha adquirido, verdad?". Fue necesario casi rogar a una empresa gestora para que aceptara nuestro dinero y asumiera la administración de este edificio. No obstante, esto resultó tener un beneficio limitado. Con la llegada de la pandemia de Covid-19, nuestra empresa de gestión de propiedades suspendió todas sus operaciones, excepto por la recaudación de alquileres y el pago de sueldos. Esto nos dejó a cargo de manejar las propiedades más problemáticas que jamás habíamos enfrentado en nuestra carrera como inversionistas, y todo esto a una distancia de más de seis horas.

Este libro es una recopilación de las experiencias que acumulamos a lo largo de los últimos dos años y medio como propietarios de dicho edificio. En los círculos de inversionistas, es común compartir anécdotas de batallas vividas, y la pregunta recurrente es: "¿Cuál es el peor edificio que has comprado?". En mi caso, siempre tenía una historia que contar. Incluso si mis colegas inversionistas no se asustaban por completo al escuchar relatos sobre las peculiares estrategias de mis inquilinos para evadir el pago del alquiler, los enfrentamientos con líderes de bandas locales y la presencia de ocupantes ilegales, sabía que debían tener una gran determinación para seguir adelante. Escribo esto con la esperanza de que no solo aprenda de nuestros errores, sino también encuentre un consuelo momentáneo al comparar su situación con las desafiantes experiencias que nosotros vivimos. Este libro no tiene la intención de desalentarlo a invertir, ya que he descubierto que la inversión en viviendas para personas de bajos ingresos es una de las actividades más gratificantes que he emprendido. Sin embargo, sí arroja luz sobre algunos de los obstáculos que podría encontrar al lidiar con este tipo de propiedades.

    Aunque inicialmente concebí este libro como una especie de terapia personal para procesar todo lo que atravesamos mientras gestionábamos este edificio, se ha transformado en una narrativa que deseo que lean tanto mis colegas inversionistas como aquellos defensores de la vivienda.

A lo largo de la redacción de este libro, colaboré con diversos grupos de defensa de la vivienda para abordar la escasez de viviendas disponibles para los desalojados y para desarrollar soluciones más sólidas en cuanto a vivienda permanente. Si bien comprendo que mi relato es subjetivo y que el sector inmobiliario requiere cambios significativos, he redactado estas páginas con la esperanza de que podamos reconocer que en temas de vivienda existen muchas áreas grises. Cuando logremos entablar un diálogo abierto y sincero entre dos facciones tan polarizadas, estaremos mejor equipados para emprender el arduo trabajo de encontrar soluciones beneficiosas para todos, uniendo a propietarios e impulsores de la vivienda.

    Este libro arroja luz sobre los dilemas morales que enfrentaron los pequeños inversionistas durante la moratoria de desahucios. A menudo, nos inclinamos a ver las situaciones en términos de blanco y negro, pero en esa época, cuando nuestras manos estaban atadas y miles de inversionistas perdían sus ahorros de toda la vida, nos vimos obligados a navegar en un terreno más gris. Apoyamos con fervor la noble causa de mantener en sus viviendas a inquilinos honrados y trabajadores. Sin embargo, también debemos reconocer que hubo quienes se aprovecharon de la situación. No todos estos escenarios se ajustarán fácilmente a las categorías de lo que podríamos considerar como bueno o malo. Si estos temas pueden resultar ofensivos para usted, este libro quizás no sea la elección adecuada. Sin embargo, le insto a mantener una mente abierta y a reflexionar sobre lo que haría si estuviera a cargo de estas 12 unidades, además de mantener a su propia familia.

Para brindarle una visión de mis antecedentes, crecí en la zona de la bahía de California, que descubrí más tarde que otros inversionistas llamaban "el paraíso liberal". Crecí en una comunidad de fuertes inclinaciones hacia la izquierda y fui criada por una madre que dirigía una organización sin ánimo de lucro de apoyo a las personas sin hogar. Desde temprana edad, sabía que ser propietario no era bien visto. Pensaba que comprendía las luchas de las comunidades de bajos ingresos. Incluso llegué a considerar el comedor social St. Vincent De Paul como mi segundo hogar, donde pasé muchas horas como voluntaria junto a mi madre. Mi hermano y yo teníamos allí una segunda familia, ya que algunos de los comensales nos consideraban sus hijos honorarios. Solíamos pasar la mayoría de los fines de semana jugando a las damas con los comensales o reponiendo las despensas después de la escuela. Pero en ese momento, no era plenamente consciente de las duras realidades que enfrentaban tanto los inquilinos de bajos ingresos como los pequeños propietarios independientes. Realmente no puedes comprender las luchas que enfrentan estas dos partes hasta que te encuentras en medio de la situación.

Las noticias a menudo presentan historias de terror sensacionalistas sobre propietarios de viviendas maliciosos. Sin embargo, rara vez muestran el cuadro completo, ya que eso no atraería la atención de los lectores. Mi perspectiva cambió significativamente después de que mi madre se enterara de las luchas que enfrenté al administrar este edificio. Ella solía ser mi principal consejera cada vez que intentaba ayudar a uno de nuestros inquilinos de bajos ingresos. A pesar de su vasta experiencia en el servicio público, trabajando con personas sin hogar durante más de 14 años y con jóvenes de bajos ingresos durante 40 años, algunas de estas situaciones aún la dejaban perpleja. Ella fue testigo de primera mano de nuestros esfuerzos por encontrar soluciones que beneficiaran a nuestros inquilinos sin poner en riesgo la propiedad frente al banco.

Es fácil demonizar a alguien que no conoces, pero cuando escuchas historias de alguien que sabes que tiene buenas intenciones y lucha por tomar las mejores decisiones, se produce un cambio significativo en la percepción. Aunque no suelo hablar de política, creo firmemente que cuando somos capaces de mantener debates abiertos y honestos sobre estas cuestiones en ambos lados, es cuando podemos lograr un cambio duradero. Con esto, dejo la decisión en sus manos.

Confesiones de un Arrendador de Sección 8

Manojo de Mentiras

Cuando adquirimos inicialmente el edificio de apartamentos, estábamos llenos de entusiasmo. El inmueble lucía completamente renovado y en excelente estado. El propietario anterior lo había adquirido en una subasta local con la intención de revenderlo. Conscientes de la importancia de llevar a cabo una inspección profesional exhaustiva de la propiedad, invertimos una suma considerable en una evaluación detallada del complejo de apartamentos. A simple vista, el edificio parecía estar en condiciones sobresalientes considerando su antigüedad. Sin embargo, esta apariencia resultó ser engañosa. Se trató de una reventa rápida y, desafortunadamente, se descuidaron aspectos cruciales como la fontanería y la electricidad. Cuando tuvimos que realizar trabajos eléctricos y decidimos investigar más allá de la superficie, quedamos consternados al descubrir instalaciones eléctricas de pobre calidad ocultas tras los paneles de yeso. En ese momento, no se reveló que nuestro inspector de obras mantenía una relación estrecha con el propietario anterior. Este conflicto de intereses nos pasó desapercibido. Además, dado que estaban apurados por vender el complejo de apartamentos, no se tomaron la molestia de realizar una investigación exhaustiva de los inquilinos existentes. Sencillamente, llenaron el edificio con inquilinos de dudosa reputación antes de ponerlo en el mercado. Esto da una idea de la calidad de los inquilinos que heredamos.

Una vez completada la compra, comenzamos a desentrañar algunas de las falsedades que nos habían sido presentadas en la documentación. La propiedad se había promocionado con una tasa de capitalización del 9%, que se calcula mediante la división de los ingresos netos entre el valor de la propiedad. Sin embargo, descubrimos que este cálculo estaba erróneo y que la tasa de capitalización real rondaba más bien entre el 6% y el 7%. A pesar de esto, consideramos que aún era una inversión atractiva en comparación con las tasas de capitalización que observábamos en otros lugares. Cuando mantuvimos una conversación directa con el propietario, nos proporcionó información que resultó ser inexacta. Preocupados por la situación de los inquilinos beneficiarios de la Sección 8, preguntamos si todos estaban al corriente de sus alquileres. El propietario nos aseguró que todos los inquilinos estaban al día y nos tranquilizó diciendo que no tendríamos que preocuparnos por desalojar a los inquilinos de la Sección 8, ya que la responsabilidad de los procedimientos de desahucio recaería en la Sección 8. Para aquellos que tienen experiencia trabajando con inquilinos de la Sección 8, sabrán que esta afirmación es completamente inexacta. Aunque los inquilinos perderían su voucher de la Sección 8 en caso de ser desalojados, el propietario es el único responsable de gestionar el proceso de desahucio.

"¿Y qué hay de su agente inmobiliario?", preguntaron algunos. "¿Dónde estaban cuando todo esto sucedía?". Como muchos nuevos inversionistas, confiamos en un amigo que era agente inmobiliario residencial, ya que en ese momento desconocíamos la diferencia entre un agente inmobiliario comercial y uno residencial. Nuestro agente tenía buenas intenciones, pero su conocimiento sobre el sector inmobiliario comercial era limitado, casi al mismo nivel que el nuestro. Como resultado, nos vimos obligados a negociar directamente con el propietario del edificio. Dado que éramos jóvenes e inexpertos, depositamos nuestra confianza en las palabras del propietario del edificio. No solo nos proporcionó una falsa sensación de seguridad, sino que también descubrimos que no todos los inquilinos cumplían con sus pagos. Uno de ellos dejó de pagar el alquiler dos meses después de firmar el contrato, y varios otros tenían retrasos en sus pagos. Mirando hacia atrás, me doy cuenta de que deberíamos haber solicitado certificados de estoppel firmados por todos los inquilinos y el propietario, lo que habría representado una verificación legalmente vinculante de los términos, condiciones y estado de los contratos de alquiler. Sin embargo, en ese momento, tanto mi agente residencial como yo desconocíamos por completo qué era un estoppel, y ni siquiera se nos ocurrió solicitar uno.

Al menos pensamos que teníamos garantizado el pago subvencionado para superar el período de transición. Lamentablemente, la Sección 8 tardó aproximadamente tres meses en transferirnos el pago subvencionado, lo que nos dejó lidiando con los pagos del préstamo hasta que se resolviera la situación. Durante este tiempo, el propietario anterior continuó recibiendo los pagos de la Sección 8, los cobró y no nos informó al respecto. Tuvimos que presionar a su oficina durante semanas hasta que finalmente accedió a entregarnos los pagos atrasados, así como algunos depósitos de seguridad que nos había ocultado.

Habíamos descubierto la verdad sobre la situación gracias a la administradora del edificio, Kalisha. Decidimos mantenerla durante la transición de la propiedad. Kalisha residía en la unidad uno y tenía un enfoque de administración único. En lugar de encargarse personalmente de las tareas de limpieza y el mantenimiento de los pasillos, Kalisha asignaba a los inquilinos turnos rotativos de limpieza. Nos enteramos de esto a través de una de nuestras arrendatarias, quien se quejaba de que le preocupaba ser desalojada debido a problemas de salud que le impedían cumplir con sus turnos de limpieza. En respuesta, contratamos de inmediato a un equipo de limpieza profesional y le comunicamos a Kalisha que esta práctica conllevaba una gran responsabilidad.

Una dificultad que no habíamos anticipado era que Kalisha, al igual que la mayoría de nuestros inquilinos, carecía de una impresora. Por lo tanto, cada vez que necesitábamos enviar algo por correo, ella se veía obligada a desplazarse hasta el Kinko's más cercano y afrontar sus exorbitantes tarifas. Nos remitía fotografías de los recibos con sus largas uñas moradas en cada imagen. En ese momento, yo era responsable de imprimir los documentos y enviarlos por correo, un proceso considerablemente más simple que las múltiples llamadas que solíamos hacer para lidiar con Kinko's. Hasta entonces, Kalisha también llevaba a cabo toda la contabilidad. Esto implicaba que ella registraba el alquiler, de manera apenas legible y al margen, en un papel de borrador y luego me enviaba una fotografía. No es necesario decir que pronto optamos por contratar los servicios de una empresa de gestión de propiedades profesional.

El Caso de la Administradora Ausente

Éramos propietarios de nuestro primer edificio de apartamentos desde hacía poco menos de un año, antes de que estallara la pandemia de Covid-19. Durante ese período, el edificio estaba bajo la gestión de profesionales, y aunque enfrentamos algunos desafíos, habíamos logrado mantener todo bajo control. En otoño, antes de que la pandemia impactara al país de manera inesperada, decidimos contratar a una nueva firma de gestión que nos habían recomendado ampliamente. Siempre hay desafíos en el proceso de transición entre empresas de administración de propiedades, pero esta comenzó de manera excepcional. La nueva administración contaba con un software de contabilidad claro y fácil de entender, mostraba una excelente relación con los inquilinos y tenía una visión a largo plazo para la propiedad. Sin embargo, todo cambió poco después de enero de 2020, cuando nuestro mundo se volcó por completo.

Confesiones de un Arrendador de Sección 8

A pesar de que ya habíamos enfrentado varios obstáculos durante nuestro primer año como propietarios del complejo de apartamentos, la verdadera montaña rusa comenzó cuando la pandemia de Covid-19 alteró por completo nuestra realidad. No le dimos demasiada importancia cuando el virus comenzó a aparecer en las noticias, hasta que esta nueva administración dejó de gestionar el edificio. Nos informaron que uno de nuestros inquilinos había estornudado mientras se encontraba en las instalaciones, y a raíz de ese incidente, se negaron a poner un pie en el complejo de apartamentos por temor a una posible infección. Aunque continuamos recibiendo los pagos de alquiler y los cheques seguían llegando, permitieron que el edificio se llenara de okupas y cucarachas. Ante esta situación, tomé la única decisión lógica: despedí a la firma de gestión y asumí personalmente la gestión del edificio durante una pandemia global. ¿He mencionado que yo vivía a más de seis horas de distancia? Quiero decir, ¿qué tan complicado podría ser, verdad?

Parece que me estoy adelantando a los acontecimientos. Antes de dejar marchar a nuestro equipo de administración, ya habíamos asumido la responsabilidad de abordar numerosas situaciones complicadas que la administradora de la propiedad simplemente no se había ocupado de resolver, ya sea por razones de salud y seguridad o debido a las cambiantes políticas de desahucio. Una unidad en nuestro edificio se encontraba vacante y estaba en proceso de renovación, un proceso que generalmente toma alrededor de 30 días en este mercado. Sin embargo, esta unidad llevaba tiempo desocupada, y mi preocupación por la falta de avances me llevó a ponerme en contacto con la administradora de la propiedad para obtener información sobre su estado de alquiler. Me informaron que la unidad seguía sin renovarse y, de hecho, llevaba casi dos meses sin recibir atención, ya que su personal no se sentía cómodo entrando en el edificio debido a la situación de Covid.

Esta situación no solo representaba una pérdida potencial de ingresos para nuestro edificio, sino que también se complicaba aún más debido a la falta de actividad en la unidad. En última instancia, nos encontramos con un okupa en la unidad seis, quien había estado allí durante 30 días y había acumulado una gran factura de agua. La okupa dejaba a sus hijos sin supervisión durante largos periodos, lo que les permitía causar daños en el edificio. Su principal fuente de entretenimiento era la manguera de jardín en nuestro espacio común exterior, que dejaban abierta a toda potencia para jugar en los charcos de agua que creaban.

Esta experiencia me hizo reflexionar sobre lo que Matthew Desmond expuso en su libro "Desahuciados: Poverty and Profit in the American City", donde reveló que es común evitar alquilar unidades a familias de bajos ingresos con niños. Muchas de estas familias no tienen acceso a servicios de cuidado infantil y, como resultado, dejan a sus hijos solos mientras van a trabajar. Estos niños quedan sin supervisión y sin juguetes adecuados, lo que los lleva a buscar otras formas de entretenimiento. A menudo, esto se traduce en travesuras como arrojar objetos al inodoro, usar las cortinas como capas de superhéroes o, en nuestro caso, convertir nuestro jardín lateral en un terreno pantanoso. No culpo a los niños; como madre, entiendo las travesuras en las que pueden involucrarse incluso en un corto lapso de tiempo cuando se quedan solos mientras intento preparar la cena

Cuando nos enfrentamos a nuestra administradora respecto a esta situación, afirmó que había llamado a la policía tres veces, pero que había tardado demasiado en llegar, por lo que se vio obligada a marcharse y volver a sus otras tareas, ya que no éramos sus únicos clientes. Decidido a resolver la situación de los okupas, mi esposo emprendió un viaje de seis horas hasta nuestra propiedad. Lo primero en lo que se enfocó fue tapar la tubería exterior de agua para evitar más estanques de barro en el patio lateral. Después de todo, ¿quién necesita plantas en estas circunstancias? Mostrando empatía hacia las mujeres de nuestra unidad, mi esposo les ofreció pagar una noche de hotel, ayudarlas a mudarse, proporcionarles dinero para la reubicación y encontrarles un lugar en un refugio local. Mientras tanto, en nuestra ciudad natal, pasé todo el día realizando llamadas para asegurarme de que teníamos un lugar listo para recibirlas a ella y a sus hijos. La dificultad radicaba en que la mayoría de los refugios no aceptaban a personas que no estuvieran sobrias. Sabiendo que ella estaba bajo la influencia de drogas, encontrar un refugio adecuado para ella y sus hijos resultó ser una tarea desalentadora. Sin embargo, después de horas de llamadas telefónicas, finalmente logré encontrarles un lugar adecuado.

Cuando mi esposo presentó nuestra solución, la mujer comenzó a evadir la situación, argumentando que era de fuera del estado y no tenía a dónde ir. Continuó diciendo que no conocía a nadie y que había estado trabajando como conductor de Uber Eats antes de que le remolcaran el coche. Lo peor de todo fue cuando afirmó que el inquilino anterior le había entregado las llaves y que ella había pagado un depósito. Al escuchar todo esto, el corazón de mi esposo se conmovió profundamente por su situación y no sabía cómo podía desalojarla sin sentirse moralmente culpable. Sin embargo, esa empatía se desvaneció rápidamente cuando la vimos salir del edificio perfectamente arreglada, dejando a sus hijos de dos, seis y diez años solos en el apartamento. De inmediato, llamamos a los servicios de protección de menores, ya que los niños estaban siendo dejados desatendidos en un entorno peligroso. Lamentablemente, los servicios de protección de menores no pudieron intervenir, ya que cuando llegaron, no había pruebas físicas de que ella los hubiera dejado desatendidos durante horas, lo que solo empeoró la situación. Después de varios intentos de encontrar una solución pacífica y su firme negativa a abandonar la propiedad, nos vimos obligados a tomar medidas más drásticas.

    A primera hora de la mañana, mi esposo decidió llamar a la policía, aprovechando que aún no estaban muy ocupados (porque, como es común, los delincuentes suelen quedarse durmiendo hasta tarde, ¿cierto?, para informar que cuatro individuos habían ingresado con la intención de robar. La precisión de su llamada resultó en una respuesta inmediata, con tres vehículos todo terreno de la policía llegando en cuestión de minutos. Los seis agentes, todos equipados con equipo antidisturbios, se presentaron preparados para actuar. La presencia policial fue tan intimidante que mi esposo confesó haberse sentido nervioso, tanto así que casi se "hace en los pantalones", lo que lo llevó a intervenir de inmediato. En un intento de calmar la situación, mi esposo explicó a los oficiales que se trataba de una madre y sus tres hijos. El jefe de policía decidió liberar al resto del equipo y se dirigió a la unidad. Sin embargo, las horas pasaron sin avances significativos, ya que la madre se negaba a abandonar la propiedad, argumentando que tenía derechos de ocupante. Manteniendo su posición firme, incluso llamó a una amiga para que la respaldara.

Este incidente tuvo lugar poco después de las protestas por la muerte de George Floyd, un hombre negro de 46 años, a manos de la brutalidad policial. Los oficiales estaban visiblemente nerviosos, conscientes de que estaban siendo observados más de cerca que nunca. Ante la llegada de la amiga de la ocupante, quien sacó su cámara para grabar la situación, se tomó la decisión de llamar al sargento de policía. El sargento era un hombre de estatura baja y cabeza calva, pero su actitud positiva ayudó a aliviar la tensión que se había acumulado durante el enfrentamiento. Nos sorprendió gratamente cómo manejó la situación con amabilidad y determinación. La ocupante había sido desalojada de varios edificios en nuestra calle, por lo que el departamento de policía ya estaba familiarizado con ella. El sargento de policía abordó la situación con empatía, reconociendo la presencia de niños en la escena y expresando su pesar por ello. Sin embargo, también recordó a la ocupante que su presencia en el edificio era ilegal y que, de no retirarse voluntariamente, se verían obligados a arrestarla. Lo dijo con un tono jovial y una sonrisa pragmática. A partir de ahí, los oficiales comenzaron a ayudarla a recoger sus pertenencias y finalmente lograron que abandonara el edificio. Una vez que la ocupante se fue, inspeccionamos la unidad que había sido destrozada y descubrimos una colección impresionante de cerraduras, que ella parecía considerar como trofeos, provenientes de todos los edificios en los que había ingresado ilegalmente.

Nuestra administradora quedó asombrada por nuestra capacidad para expulsar a la ocupante en un solo día, pero lamentablemente, nuestra relación con ella continuó deteriorándose, ya que ignoraba a los inquilinos y dejaba sin respuesta correos electrónicos y llamadas telefónicas durante semanas. Al final, comprendimos que éramos una de sus preocupaciones menos importantes. Con solo 12 unidades en nuestro edificio, éramos considerados "pequeños peces" en comparación con otros clientes suyos, quienes también estaban lidiando con problemas financieros y tenían más de 100 unidades en su cartera.

La Manitas Problemática

Después de prescindir de nuestra empresa administradora de propiedades, nos dimos cuenta de la necesidad imperante de mantener una vigilancia constante en nuestra propiedad. Los inquilinos se involucraban en disputas y malentendidos, lo que nos llevó a la difícil tarea de desentrañar quién tenía la razón. Un ejemplo de esta problemática fue nuestra experiencia con Michelle, quien ocupaba la unidad número siete. Inicialmente, le habíamos confiado la tarea de limpiar y mantener los pasillos a cambio de descuentos en el alquiler. Sin embargo, sin previo aviso, dejó de cumplir con sus responsabilidades. Después de investigar más a fondo, descubrimos que Michelle había dejado de limpiar debido a su embarazo, pero continuaba cobrando el descuento, sin importarle las condiciones de los espacios compartidos ni sus vecinos. A pesar de ello, decidimos brindarle nuestro apoyo en sus dificultades financieras, pero quedó claro que había abusado de nuestra confianza, dejando en mal estado las áreas comunes y sin consideración por los demás residentes.

Confesiones de un Arrendador de Sección 8

Eileen, una de las "cuidadoras" de nuestros inquilinos, nos alertó sobre esta situación y se ofreció voluntariamente para supervisar la propiedad y mantener la paz y el orden. También afirmó tener habilidades de reparación y mantenimiento, lo que parecía una solución conveniente. Ofreció hacer trabajos de jardinería ligeros y tareas de mantenimiento por una tarifa razonable. Incluso le otorgamos una unidad sin costo de alquiler como parte del trato. No solicitamos referencias, ya que en nuestra área era común que la gente confiara en amigos o familiares para este tipo de responsabilidades. Además, dado que Eileen ya estaba familiarizada con el edificio en su rol de "cuidadora", confiamos en que sería una elección acertada. Sin embargo, pronto nos dimos cuenta de que sus habilidades como manitas estaban considerablemente exageradas. Armada con tutoriales de YouTube y una tarjeta de crédito empresarial (lo cual, en retrospectiva, fue una decisión arriesgada), abordaba cada problema con entusiasmo, pero con resultados que nos costaban tres veces más de lo que habríamos pagado a un profesional, y a menudo sin que se resolviera nada. Mirando hacia atrás, deberíamos haber establecido límites en su acceso a tarjetas de crédito empresariales, tal vez a través de una cuenta en Home Depot que requería nuestra preautorización para gastos. En resumen, repartir tarjetas de crédito empresariales resultó ser una elección cuestionable.

Confesiones de un Arrendador de Sección 8

Una de las tareas que le encomendamos fue la eliminación de escombros en el sótano de la vivienda. Los anteriores propietarios habían utilizado esta área debajo del edificio como un lugar de almacenamiento para sus viejos materiales de construcción, así como para dos calentadores de agua sobredimensionados que habían reemplazado.

Deliberadamente, solicitamos a Eileen que contratara a alguien para retirar los calentadores de agua, ya que eran demasiado grandes para ser sacados simplemente por la puerta del sótano. El marco del sótano había sido previamente reforzado, lo que había reducido la entrada en cuatro pulgadas, ya que no permitía que estos grandes calentadores de agua comerciales pasaran de una sola pieza. En lugar de contratar a profesionales para desmontar los calentadores de agua, adquirió una cadena de alta resistencia y dos mazos, y contrató a dos trabajadores de Home Depot para que realizaran la tarea "a su manera".

Cuando nos enteramos de lo que estaba sucediendo, intervenimos y le preguntamos cómo tenía previsto sacar del edificio dos calentadores de agua comerciales de 630 libras. Eileen nos informó que había pasado todo el día intentando golpear los calentadores de agua hasta reducir su tamaño a uno que pudiera pasar por la puerta del sótano, pero sin éxito. Intrigados por su método, le preguntamos cómo planeaba retirar los calentadores de agua si conseguía reducir su tamaño a uno manejable. Fue entonces cuando nos explicó su plan, pintándonos un panorama alarmante. Los dos hombres que había contratado enrollarían una pesada cadena metálica alrededor de los calentadores de agua, y ellos los guiarían hacia fuera de la entrada mientras ella los remolcaría desde el U-Haul que había alquilado con nuestra tarjeta de crédito y lo rodearía alrededor de un árbol. Es importante tener en cuenta que no existía una línea de tiro directa desde el sótano hasta el vehículo, y, aún en el caso de que el plan hubiera funcionado, lo más probable es que hubiera dañado algunas vigas de soporte del edificio, poniendo en riesgo al menos una o más unidades. Afortunadamente, su plan no tuvo éxito, ya que se dio cuenta de que no podía reducir más el tamaño de los calentadores de agua con la fuerza bruta de un mazo.

Después de solicitar a Eileen que devolviera todo el equipo que no había utilizado y de invertir cientos de dólares en mano de obra innecesaria, nos dimos cuenta de que había mantenido el U-Haul durante cinco días adicionales, considerándolo su vehículo "personal", cargando los gastos a nuestra tarjeta de crédito y acumulando una factura de 1.300 dólares. Enfurecido, mi esposo condujo durante seis horas hasta el complejo de apartamentos para abordar la situación. Además, llevó a su padre, quien tenía más de una década de experiencia en construcción. Durante los dos días siguientes, trabajaron arduamente para reparar las escaleras del sótano que Eileen había destrozado el día anterior y desmontar cuidadosamente los calentadores de agua de las habitaciones para poder retirarlos del edificio de forma segura. Aprovechando la oportunidad, mi suegro compartió la palabra de Dios con todos los residentes del edificio y cualquier transeúnte que estuviera dispuesto a escuchar.

Eileen demostró ser una oportunista. Utilizando una tarjeta de crédito de negocios, a menudo compraba artículos personales y afirmaba haber extraviado los recibos. Utilizó nuestro dinero para remodelar completamente su unidad, instalando múltiples puertas correderas, un falso suelo de mármol sobre nuestro nuevo suelo laminado y hasta inflando una piscina en medio de su apartamento. Cuando finalmente llegó el momento de entregar su unidad, fue un auténtico caos. Nos dimos cuenta de que podíamos crear una cuenta en Home Depot para recibir automáticamente los recibos por correo electrónico, lo cual aprovechamos de inmediato, y posteriormente cancelamos su acceso a nuestra tarjeta de crédito.

Nuestra "manitas" tenía su propia manera de hacer las cosas. Le aterraban las desbrozadoras y se negaba a que le compráramos una. En su lugar, optó por usar un machete como

Confesiones de un Arrendador de Sección 8

su versión casera de una desbrozadora improvisada. Mi esposo, preocupado de que esto pudiera convertirse en un problema, intentaba esconder su machete cada vez que estaba en la ciudad, dejándole claro a Eileen que no era un método seguro para el cuidado del jardín. En una ocasión, la encontramos limpiando el suelo de su apartamento vertiendo cinco centímetros de agua directamente sobre el suelo y danzando descalza por su apartamento con trapos en los pies. Como resultado, siempre sabíamos cuándo estaba limpiando, ya que recibíamos una llamada del piso de abajo advirtiéndonos de una filtración en el techo. Además, no ayudó en absoluto que decidiera instalar un abrevadero para caballos en su unidad, utilizándolo como una especie de bañera.

El edificio enfrentaba numerosos problemas con los okupas, lo que llevó a que Eileen tomará la iniciativa de mantener las unidades seguras. Para lograrlo, reclutó a sus amigos para que ocuparan temporalmente las unidades vacías, garantizando su ocupación segura. En una ocasión, cuando se encontró un ratón en una de las unidades, en lugar de recurrir a una empresa de control de plagas, Eileen optó por pedir prestado un gato a una amiga para que patrullara la unidad. Aunque originalmente no se permitían mascotas en el edificio, se hizo una excepción, y rápidamente se resolvió el problema de plagas, ahorrando dinero gracias a la ingeniosa idea de Eileen.

Sin embargo, esta solución inusual tuvo sus propias consecuencias, ya que el gato nunca fue devuelto y Eileen lo ocultó en su unidad bajo el fregadero de la cocina. Este gato terminó utilizando los armarios como caja de arena, lo que provocó un desagradable problema de olor a orina de gato cuando finalmente tuvieron que entregar la unidad casi un año después, lo que requirió reparaciones importantes.

Eileen se destacaba por su habilidad para relacionarse con la gente y se le conocía como "la mamá del edificio". Todos los inquilinos acudían a ella en busca de ayuda con sus problemas, tanto relacionados como no relacionados con el edificio. Sin embargo, a menudo se veía en situaciones complicadas debido a su excesiva involucración en la vida personal de los inquilinos. En una ocasión, una inquilina la llamó pidiendo que la llevaran porque se había quedado sin gasolina, sin saber que esta inquilina estaba tratando de escapar de los servicios de protección de menores. La inquilina estaba en una situación complicada después de dar a luz y dar positivo por cocaína en el hospital, lo que llevó a la intervención de los servicios de protección de menores. Eileen, de manera involuntaria, ayudó en la huida inicial de los servicios de protección de menores y luego se ofreció como "coparental" de la niña para que la bebé pudiera quedarse con su madre.

Sorprendentemente, Eileen fue aprobada para esta responsabilidad, a pesar de ser una alcohólica funcional.

La revelación sobre la adicción al alcohol de Eileen llegó a manos de mi esposo un día cuando tuvo una hora libre antes de una inspección matutina. Decidió invitar a Eileen a desayunar burritos en una cafetería local, donde ambos pidieron burritos y cafés grandes. Durante la comida, Eileen sacó un cuarto de litro de vodka y, aunque al principio mi esposo no le prestó mucha atención, ella vertió todo el contenido en su café. Fue entonces cuando Eileen reveló que comenzaba cada día antes de las 9 de la mañana de esta manera.

Eileen tenía un don especial para tratar con los inquilinos. Los conocía a todos a fondo, tanto por dentro como por fuera, y a veces incluso un poco más de lo necesario. En particular, había una de nuestras inquilinas, Destiny, que residía en la unidad número ocho y a la que cariñosamente llamábamos "la nudista". Destiny tenía la costumbre de responder a la puerta en topless o, en sus días libres, completamente desnuda, lo cual ya no nos sorprendía en absoluto. Cuando teníamos posibles compradores visitando el edificio, era obligatorio que Eileen se adelantara y llamara a la puerta de Destiny para pedirle que se vistiera adecuadamente. Resulta que Destiny aspiraba a ser stripper y había instalado una barra de striptease en su unidad, donde tanto ella como Eileen practicaban sus movimientos.

Además de sus habilidades para lidiar con situaciones peculiares, Eileen también se destacaba por mantenernos al tanto de todos los cotilleos del edificio. Fue gracias a ella que nos enteramos de la presencia de una inquilina con un pasado inusual: una prostituta de 90 kilos. Durante más de un año, tuvimos a una inquilina maravillosa en la unidad número uno, una hermosa mujer de ascendencia afroamericana. Sabíamos muy poco acerca de su vida personal, excepto que era conductora de autobús. Sin embargo, cuando estuvo a punto de mudarse y comprar su propia casa, nos sorprendió gratamente descubrir que había logrado ahorrar lo suficiente con sus modestos ingresos. Pero lo más inusual ocurrió cuando esta inquilina finalmente se mudó.

Al desocupar su unidad, encontramos una gran maleta llena de consoladores de todos los tamaños y formas imaginables. Eileen, sintiéndose incómoda, me preguntó si debía devolvérsela a la inquilina o guardarla en algún lugar. Sin embargo, eso no fue lo más sorprendente. Justo antes de su mudanza, se produjo un incidente que, según Eileen, aparentemente ocurría con cierta frecuencia, aunque esta fue la primera vez que tuvimos conocimiento de ello. El esposo de nuestra inquilina tenía un fetiche por las mujeres de gran tamaño, en marcado contraste con su esposa de complexión menuda. Resulta que solía contratar prostitutas de 90 kilos cuando ella no estaba en casa y luego trataba de engañarlas con la factura. Estas prostitutas solían aparecer a altas horas de la noche, golpeando la puerta en busca de pago, y continuaron haciéndolo incluso después de que la pareja se hubiera mudado.

Puede que nuestra manitas tuviera sus peculiaridades, pero en el fondo, era una buena persona. Sin embargo, no tan buena como para no fantasear con escaparse con mi esposo. A Eileen se le había metido en la cabeza que ella y mi esposo tenían una especie de cita, haciendo bromas sobre huir juntos. Un día, Eileen llamó a mi esposo y le dijo que planeaba conducir hasta nuestra ciudad. Ante la pregunta de mi esposo sobre sus planes en la ciudad, Eileen confesó que quería verlo. Mi esposo estableció límites claros al decirle que disfrutara de su viaje, pero que no podrían encontrarse. Eileen se puso muy mal y, al final, se negó a hablar directamente conmigo, ya que en su mente, yo era la "otra mujer". No me preocupaba... y si alguna vez la viera, sabría por qué.

Eileen solía ser hermosa en su día, pero los años de abuso de drogas y alcohol habían dejado huella en ella. Su tez era gris y poco saludable, y su sonrisa dejaba ver varios dientes faltantes. Con su alta figura encorvada, vestida completamente de negro y caminando constantemente de un lado a otro por los pasillos, la llamaban "la Muerte". Su pelo estaba recogido hacia atrás, lo que acentuaba sus rasgos demacrados, y llevaba grandes pendientes de aro. Destacaba por su estatura de dos metros, agravada por sus botas de combate con plataforma. Con su apariencia intimidante y su actitud, resultaba bastante imponente, especialmente si no estabas de su lado.

A pesar de que nuestros inquilinos adoraban a Eileen, también le tenían miedo. Recuerdo que en una ocasión discutía sobre cómo tratar a un inquilino problemático para nosotros. "Conozco a personas que podrían encargarse de ellos", dijo. "Podríamos deshacernos del cadáver dándoselo de comer a los cerdos. Sin cadáver, no hay evidencia". Me quedé asombrada por su afirmación y reí nerviosamente. Hasta el día de hoy, sigo sin saber si estaba bromeando.

El Político Corrupto

Eileen no solo destacaba por su habilidad para cuidar a los inquilinos y su profundo conocimiento de las complejidades que tenían lugar en nuestro edificio, sino también por su sólida red de contactos en la comunidad. Esto se debía principalmente a su empleo en la empresa propiedad del exconcejal Rick Johnson, uno de los mayores propietarios de viviendas en nuestra ciudad. Tener un vínculo con uno de los concejales más experimentados nos brindaba una sensación de seguridad.

Rick era una figura central en nuestra comunidad. A sus 70 años, de piel oscura y cabello plateado, había estado involucrado en la política local desde que tenía tan solo 19 años, ostentando el récord de la carrera más larga en el consejo municipal, con 16 años de servicio consecutivo. Cada viernes, Rick mantenía una reunión regular con el jefe de policía en un café local y conocía a prácticamente todos los habitantes de la ciudad. Aunque había intentado postularse para el cargo de alcalde en varias elecciones, aún no había logrado ser elegido.

Eileen, una experta en identificar fuentes valiosas de información, se reunía semanalmente con Rick para solicitar consejo sobre las situaciones más delicadas que enfrentábamos durante la moratoria de desalojos. En ocasiones, incluso se quedaba en algunas de las unidades vacantes de propiedad de Rick cuando necesitaba un respiro de los otros inquilinos.

Suponíamos que el antiguo miembro del consejo, un pilar de esta comunidad, habría poseído propiedades mucho más bonitas que las nuestras. Sin embargo, no era el caso. Había zonas de la ciudad que parecían estar en un país del tercer mundo. Las calles estaban bordeadas de edificios decrépitos que muchos supondrían vacíos. Ese era el tipo de edificios que Rick poseía. Muchas de sus propiedades eran antiguos moteles que habían sido convertidos de manera aleatoria en algún tipo de vivienda de larga duración. Intrigado, busqué uno de sus "Moteles" en Internet para encontrar algunas críticas reveladoras. Muchas personas informaron que las habitaciones se alquilaban mensualmente sin cocina ni baños operativos, y que las unidades estaban sucias e inhabitables, con infestaciones de chinches, cucarachas y ratones. La ciudad había promulgado una ordenanza que requería que todas las unidades residenciales que se alquilaban debían inspeccionarse al menos una vez cada cinco años para evitar o eliminar de forma proactiva las viviendas que se consideraran por debajo de las normas mínimas del código de la vivienda. La razón por la que Rick mantenía sus propiedades como moteles era el hecho de que los hoteles estaban exentos de esta ordenanza.

Rick se presentaba sistemáticamente a las elecciones con una plataforma que pedía acabar con la falta de vivienda en su ciudad, aunque lo hacía a su manera. Era conocido por ser uno de los mayores chabolistas de la ciudad. Decía que sacaba a la gente de la calle, pero los colocaba en condiciones de vida insalubres mientras se llenaba los bolsillos. Muchos de sus edificios eran conocidos por tener problemas con la actividad de las drogas, por lo que era conveniente que también fuera propietario de una compañía de fianzas por si se metían en algún lío. Después de ver cuántas veces Rick se presentó a alcalde sin éxito, le pregunté a Eileen por qué seguía presentándose. Me dijo que se presentaba casi todos los años porque ganaba mucho dinero recaudando fondos para la campaña, insinuando que se embolsaba todo el dinero de la campaña. Rick no tenía ninguna intención real de ganar las elecciones.

A medida que conocíamos más sobre él a través de Eileen, comenzamos a sospechar que algunas de sus historias eran inventadas, ya que resultaban demasiado extravagantes para ser ciertas. Sin embargo, con el tiempo, se confirmó que muchas de esas anécdotas tenían raíces retorcidas en la realidad. Eileen nos relató que Rick estaba dispuesto a enfrentar cualquier situación, dado que su impresionante residencia albergaba un inmenso búnker subterráneo. En su día, había convertido este espacio en una pista de patinaje y lo alquilaba a personas interesadas en experimentar el "patinaje residencial". Rick había erigido esta magnífica casa en la zona sur, entre los escombros de un barrio. Las personas solían pasar por ella de camino a Walmart, y destacaba como un punto de referencia incongruente en este barrio de bajos ingresos.

Durante su mandato, Rick se ganó renombre por financiar de manera privada un desfile anual que culminaba en su residencia, donde se celebraba un opulento banquete de barbacoa. Además, había establecido el Black Leadership Council de la ciudad, con el propósito principal de sensibilizar y conmemorar el Día de la Proclamación de la Emancipación, que declaraba la libertad de los esclavos, organizando dicho desfile anual. La comunidad identificaba a Rick por su imponente camioneta negra, que conducía durante el desfile junto a su joven esposa. Estos eventos eran solo una muestra de las numerosas iniciativas que Rick llevaba a cabo sin el respaldo oficial de la ciudad. Otros políticos lo tildaban de corrupto y con intereses propios, ya que Rick parecía siempre salirse con la suya.

Rick había tenido una carrera pugilística poco exitosa. En un intento por reforzar su posición financiera, organizó un evento de recaudación de fondos en el que se enfrentaría a uno de los mejores boxeadores de pesos pesados de todos los tiempos. Para sorpresa de muchos, Rick ganó ese combate, y las especulaciones apuntaban a que había pagado al famoso púgil para que perdiera deliberadamente en el ring. Nos intrigaba saber de dónde obtenía Rick su considerable riqueza, dado que parecía ser una figura preeminente en la ciudad. Decidimos abordar a Eileen en busca de respuestas, y casualmente, ella nos reveló un lado oscuro de Rick. Según Eileen, gran parte de su dinero provenía de un siniestro negocio de tráfico sexual de mujeres, donde su mano derecha se encargaba de transportar a estas víctimas desde México en un autobús de fiesta para cruzar la frontera. Incluso nos mostró el autobús de fiesta, que aún se encontraba en una de las propiedades de Rick, cuando le pidió prestadas algunas herramientas. La sorpresa y la incredulidad reinaban, ya que resultaba incomprensible que alguien con ese tipo de pasado pudiera haber alcanzado un cargo público electo.

La Unidad Prestada

Debido a la moratoria de desahucios provocada por la pandemia de Covid-19, muchos inquilinos comenzaron a sentirse protegidos y adoptaron una actitud de impunidad en lo que respecta a sus responsabilidades en materia de alquiler, así como en lo que concierne a daños a la propiedad y otros comportamientos ilícitos. Un ejemplo destacado de esta situación fue el caso de Carlyn, residente de la unidad nueve. Inicialmente, creímos que había perdido su elegibilidad para el programa de Sección 8 y que no había pagado el alquiler durante más de seis meses. Sin embargo, más tarde descubrimos que Carlyn se había mudado, pero falsamente afirmaba que aún residía en la unidad. En realidad, había cedido la vivienda a su hijo y a un amigo como ocupantes temporales, mientras seguía declarando oficialmente que ella continuaba viviendo allí. Esta revelación pasó desapercibida hasta que la novia del hijo de Carlyn, que había salido de prisión, comenzó a causar graves disturbios en la comunidad. La joven disparó un arma de fuego de manera indiscriminada en el complejo residencial, provocó numerosos daños en los paneles de yeso del pasillo y dañó las ruedas de un vehículo de otro inquilino. Cuando la víctima, Eileen, fue víctima de este acto, pronunció la frase: "El gueto se encarga del gueto", pero también decidió tomar medidas adicionales y buscar a la abuela del joven implicado.

Durante este complicado período, intentamos agotar todas las opciones legales disponibles, pero nos encontramos con que los bufetes de abogados especializados en desahucios habían dejado de responder a nuestras llamadas debido a la moratoria de desahucios. Todos ellos tenían un mensaje de voz similar que decía: "Lamentamos informarle que nuestras oficinas permanecerán cerradas hasta nuevo aviso debido a la moratoria de desahucios". Incluso cometí el error de llamar a algunos bufetes de abogados centrados en el derecho de los inquilinos y recibí una respuesta fría que afirmaba: "No trabajamos con propietarios, solo con inquilinos". Después de aproximadamente la vigésima llamada, nos dimos por vencidos en nuestra búsqueda de ayuda legal, ya que no había ningún servicio jurídico disponible para los propietarios en ese momento.

La policía tampoco resultó de gran ayuda, ya que necesitábamos pruebas sólidas de que el inquilino registrado ya no residía en la unidad. Cada vez que llamábamos a la policía, los jóvenes involucrados recibían un aviso previo y alertaban a su madre para que estuviera presente cuando llegara la fuerza policial. Dado que no había ningún proceso legal viable que pudiéramos seguir y que los ocupantes ilegales técnicamente no estaban cometiendo un delito, decidimos realizar una vigilancia constante de la vivienda con la intención de cambiar las cerraduras cuando finalmente se fueran. Sin embargo, para nuestra sorpresa, los ocupantes habían tomado prestado a un niño de otra persona para que pareciera que había alguien dentro de la unidad cuando no estaban presentes. Descubrir que este tipo de artimañas eran habituales en situaciones de ocupación ilegal fue desconcertante.

Después de un intento fallido de vigilancia, decidimos adoptar un enfoque más directo. Al día siguiente, mientras los chicos estaban en casa disfrutando de sus videojuegos, Eileen golpeó la puerta con fuerza. Al abrir la puerta, clavó su bota de combate en la madera y les informó que eran ocupantes ilegales y que debían abandonar la vivienda o llamaría a la policía. Dado que tenían una gran cantidad de costoso equipo de juego, ya que pasaban la mayoría de su tiempo allí, les explicó que los ayudaría a sacarlo para evitar que fuera robado en el proceso. Sin dudarlo, los acompañó fuera en ese mismo momento, asistiéndoles en el traslado de sus pertenencias. Este episodio se convirtió en uno de los momentos más destacados de su gestión, ya que convenció a los chicos, instándoles a dar un paso adelante y buscar empleo si deseaban convertirse en hombres. Posteriormente, estos jóvenes contactaron a mi esposo para disculparse y expresaron su interés en alquilar otra unidad en el edificio una vez que encontraran trabajo.

Horas más tarde, la madre de estos chicos, Carlyn, llegó corriendo para confrontar a Eileen, argumentando que tenía derechos sobre la unidad que había abandonado seis meses atrás. Durante meses, Carlyn persistió en golpear insistentemente la puerta de su antigua vivienda, afirmando que aún vivía allí. Sin embargo, ella había conseguido una nueva unidad a través del programa de Sección 8 y creía que podía mantener ambas viviendas debido al clima político actual. La situación se volvió aún más complicada cuando su madre finalmente recibió la factura de todos los alquileres atrasados. Los chicos se presentaron con la factura y expresaron su furia, incluso mencionando la idea de incendiar el edificio. Afortunadamente, logramos persuadirlos para que no tomaran medidas tan extremas, sin embargo, en ese momento, ninguno de nosotros sospechaba que un incendio en el edificio podría haber resultado en una bendición.

El Manitas Útil

Al final, nos dimos cuenta de que nuestra manitas para las reparaciones no estaba a la altura de la tarea, y fue entonces cuando Eileen nos presentó a su amigo, Félix, un experto en solucionar apuros de último momento. Félix resultó ser tanto económico como habilidoso en la resolución de contratiempos domésticos. Cuando mi esposo estaba ausente en la ciudad, Eileen solía recordarle a Félix que, a pesar de la atractiva juventud de mi esposo, él era "el jefe" y le advertía que no coqueteara con él, ya que lo consideraba su posesión. Nuestro manitas anterior era un hombre hispano de setenta años con un amante veinteañero y un peculiar estilo de vida. A menudo desaparecía durante semanas, participando en extravagantes orgías. Vivía en una casa al otro lado de la ciudad que estaba adornada con varias estatuas gigantes de María y un todoterreno dorado a la que le tenía un aprecio particular. A pesar de sus excentricidades, no podíamos quejarnos, ya que nos había rescatado de situaciones delicadas en numerosas ocasiones, y en lo que a mí respecta, sus actividades extracurriculares eran su asunto personal.

Félix fue nuestro salvador en más ocasiones de las que puedo contar. Recuerdo una vez en particular en la que estábamos lidiando con reparaciones postergadas en el sótano, tratando de solucionar unas pequeñas fugas en la fontanería. Lo que inicialmente parecía una tarea sencilla se complicó debido a su conexión directa con el calentador de agua. Sería necesario cortar el suministro de agua de todo el edificio mientras trabajábamos en ello. Sin embargo, Félix no estaba disponible en ese momento, por lo que decidimos contratar a un fontanero local con el que nunca habíamos trabajado antes. El fontanero nos aseguró que el trabajo sería rápido y sencillo, pero pronto surgieron señales de advertencia. En su primer intento de solucionar el problema de fontanería, trabajó en la tubería equivocada. En su segunda visita, nos enteramos de que estaba intoxicado y acosando a Michelle en la unidad número seis, lo que la hizo sentir incómoda. La tubería que debía reparar estaba corroída, pero en lugar de reemplazarla, la cubrió con una tela impermeable y la sujetó con una cremallera. Para empeorar las cosas, nos cobró como si hubiera realizado una sustitución completa de la tubería. Tras finalizar su trabajo, abrió el agua y se marchó.

Poco después, mientras paseábamos con nuestro hijo pequeño, recibimos una llamada alarmante: el sótano estaba inundado con medio metro de agua. La acumulación de agua se debió a la sección cubierta con la cremallera, lo que provocó la rotura de la tubería. En medio del pánico, llamamos al fontanero, quien lamentablemente nos informó que no podría volver hasta el día siguiente. Esta situación era inaceptable, ya que nuestros inquilinos no podían quedarse sin agua y con una fuga de emergencia. Fue entonces cuando recurrimos a Félix, quien, por suerte, pudo llegar rápidamente, solucionar el problema, bombear el agua del sótano y colocar ventiladores para evitar la formación de moho. Cualquier otro profesional habría tardado horas y nos habría cobrado una fortuna con tarifas de "emergencia". No teníamos idea de que existieran tales tarifas hasta ese momento.

A pesar de la habilidad innegable de nuestro talentoso manitas en su oficio, tenía la peculiaridad de llevar consigo a su amante en cada una de sus visitas a los vecinos. En una ocasión, mientras Félix se encontraba ocupado realizando una reparación en un apartamento, su amante, Seth, solicitó amablemente a Eileen el permiso para utilizar su cocina con el fin de preparar un poco de sopa, ya que se encontraba indispuesta. Eileen, siempre dispuesta a ayudar, aceptó de buena gana y acomodó a Seth en su unidad para que pudiera preparar su sopa. Sin embargo, en este punto de la historia, todo tomó un giro inesperado. En realidad, Seth no estaba preparando sopa, sino que estaba fabricando dabbing, un término que se refiere a inhalar vapores derivados de la marihuana. Esta cera se calienta con un soplete para producir un vapor que se inhala. Cuando Eileen regresó a su apartamento para verificar cómo estaba Seth, la brisa que entró al abrir la puerta provocó un incendio de grasa en la cocina. Para empeorar la situación, Seth, preso del pánico, intentó apagar el fuego con agua, lo que solo logró avivar las llamas, dejando el techo y los armarios de la cocina ennegrecidos y dañados. Actuando con rapidez, Eileen esparció una cantidad generosa de sal sobre las llamas para contener la situación. Como es de suponer, esta experiencia marcó el fin de las visitas de Félix y su amante a nuestro edificio

La Artista del Engaño

¿Alguna vez ha tenido un inquilino que constantemente le causara problemas? La mayoría de los administradores de propiedades pueden detectarlos de inmediato y le aconsejarán que reduzca sus pérdidas y los desaloje, ya que nunca estarán satisfechos. En nuestro caso, nuestra inquilina, Cindy, que ocupaba la unidad dos, nos presentaba un problema nuevo casi a diario. Se quejaba de ruidos molestos de los vecinos al mediodía, los niños del piso de al lado jugaban en los pasillos, había una araña en su unidad o necesitábamos realizar numerosas reparaciones menores después de que ella rompiera cosas constantemente. Cada correo electrónico que nos enviaba insinuaba amenazas de denuncias ante alguna autoridad o acciones legales. Hicimos todo lo posible para atender sus necesidades de manera oportuna, pero trabajar con Cindy era tan difícil que, cada vez que veía su nombre en mi bandeja de entrada, sentía cómo la tensión se apoderaba de mis hombros.

Confesiones de un Arrendador de Sección 8

Sin embargo, un día, la asistente social de Cindy nos informó sobre un grave problema de moho negro en su unidad que había arruinado toda su ropa y estaba afectando la salud de ella y su bebé. Mi corazón se detuvo al escuchar esto, ya que era una situación seria. Hasta ese momento, ninguna de sus numerosas quejas había mencionado el moho. A lo largo del año, habíamos recibido notificaciones ocasionales de moho por parte de otros inquilinos que no ventilaban adecuadamente sus unidades, lo que se solucionaba fácilmente. Sin embargo, esta vez era diferente. Para abordar la situación de manera adecuada, contratamos a una empresa profesional de eliminación de moho para que se presentara al día siguiente. El especialista en eliminación de moho no encontró rastros de humedad cuando utilizó sus herramientas para verificar si había una fuga detrás de la pared. Confirmó que el problema se debía a una falta de ventilación, ya que la inquilina no abría las ventanas. El procedimiento de eliminación de moho resultó ser extremadamente costoso, como muchos saben, pero no dudamos en asumir el alto costo si eso significaba que podíamos eliminar por completo todas las esporas de moho de la unidad.

Después de obtener la aprobación de la empresa de eliminación de moho, compartimos información educativa sobre la correcta ventilación de las viviendas tanto con nuestra inquilina, Cindy, como con su asistente social. Al igual que muchos apartamentos pequeños y antiguos, la principal fuente de ventilación en nuestras unidades era la ventana del baño. Lamentablemente, teníamos problemas recurrentes con inquilinos que se negaban a abrir la ventana mientras se duchaban, lo que a menudo resultaba en la aparición de moho superficial en el baño. Este problema se solucionaba fácilmente con el uso de lejía y la sustitución de los paneles de yeso. Sin embargo, la situación de moho en la unidad de Cindy era significativamente más grave, lo que nos desconcertó y nos llevó a preguntarnos cómo había llegado a ese punto. Nuestros esfuerzos educativos no tuvieron éxito, ya que Cindy afirmaba no ser responsable de la situación.

Una semana después, recibimos un correo electrónico de Cindy informándonos que el moho había vuelto y que los paneles de yeso recién instalados estaban mojados. Al sospechar que podría haber una fuga que habíamos pasado por alto, revisamos la unidad superior y sellamos el techo nuevamente, pero no encontramos ninguna anomalía. Intentamos acceder a la unidad de Cindy para abordar el problema, pero nos encontramos con su resistencia constante. A pesar de sus intentos de restringir el acceso, finalmente logramos entrar debido a la gravedad de la situación. Una vez dentro, nos enfrentamos a la oposición continua de Cindy. Mientras nuestros empleados intentaban trabajar en los paneles de yeso, Cindy les exigió que lo hicieran a oscuras o que pagaran por el uso de sus luces mientras estaban en la unidad.

Durante este proceso, descubrimos información sospechosa acerca de nuestra nueva inquilina. Nos enteramos de que Cindy estaba involucrada en una estafa relacionada con un hotel, en la que el municipio pagaba por su estancia en un hotel y el hotel retenía su tarjeta de crédito para gastos adicionales. De alguna manera, Cindy logró afirmar falsamente que le habían cobrado dos veces, lo que resultó en un reembolso adicional. La revelación de esta estafa por parte de Cindy, mientras alardeaba ante otros inquilinos y mostraba su generoso cheque de reembolso, nos dejó con preocupaciones adicionales, aunque decidimos darle el beneficio de la duda en ese momento.

Cuando procedimos a reinstalar los paneles de yeso por segunda vez, nuestro vendedor nos alertó sobre un inusual aumento de humedad en la unidad. Al retirar el panel de yeso, descubrió que el interior estaba húmedo, aunque el área detrás del panel se encontraba completamente seca. La causa de esta humedad resultó ser el resultado de las duchas extremadamente calientes que Cindy estaba tomando sin ventilar la unidad, ya que no era responsable de la factura del agua. Además, Cindy había estado insinuando desde que se mudó que esperaba una compensación por diversas cuestiones menores. Ahora, sus demandas incluían un nuevo guardarropa, una compensación por las molestias durante las reparaciones en la unidad, el pago de la factura de electricidad debido a su uso excesivo y más. Posteriormente, descubrimos que Cindy había llevado a cabo tácticas similares en su residencia anterior, y aunque no fue desahuciada, es muy probable que haya recibido una indemnización por las llaves. Parecía que Cindy estaba tratando de repetir este patrón para obtener dinero, pero esta vez fue atrapada in fraganti.

Tras este incidente, nos aseguramos de proporcionar a todos los nuevos inquilinos recursos educativos sobre cómo ventilar adecuadamente su unidad junto con su contrato de alquiler. Además, los nuevos inquilinos firmaron un apéndice que confirmaba que habían recibido esta información. También implementamos una sección completa dedicada a la prevención del moho en el contrato de alquiler. En esta sección, los nuevos inquilinos se comprometieron a ventilar adecuadamente su unidad mientras se duchan, cocinan, lavan platos, y durante las actividades de limpieza, así como permitir una circulación de aire regular. Adicionalmente, comenzamos a requerir que todos los inquilinos tuvieran un seguro de inquilinos para que pudieran presentar reclamaciones a su propia póliza en caso de ser necesario.

Viviendas Subvencionadas: lo Bueno, lo Malo y lo Feo

Al contar con una totalidad de viviendas subvencionadas en nuestro complejo de apartamentos, pudimos mantenernos a flote durante la crisis de Covid-19, ya que teníamos asegurada la parte subvencionada del alquiler. No obstante, rápidamente nos dimos cuenta de que no todos los programas de vivienda eran equivalentes. Durante los casi tres años que fuimos propietarios de este edificio, establecimos asociaciones con la Sección 8 y varias agencias locales de vivienda que recibían fondos del gobierno para colocar inquilinos.

Al adquirir el edificio, heredamos cuatro inquilinos de una pequeña organización que cubría el 100% del alquiler de los inquilinos a precios superiores a los del mercado. En ese momento, parecía una solución ideal. Sin embargo, no se trataba tanto de un programa subvencionado como de una forma de subarriendo. Esta organización sin fines de lucro había establecido un esquema en el cual cobraban tarifas más elevadas a personas que normalmente no podrían acceder a una vivienda y se beneficiaban al subarrendar las unidades. Inicialmente, permitimos que esta dinámica continuara, ya que los inquilinos pagaban puntualmente y no teníamos que preocuparnos por el alquiler. Sin embargo, con el tiempo, todas sus unidades se convirtieron en un foco de problemas.

Durante un largo período de tiempo, nos vimos en la necesidad de solicitar los servicios de una empresa de limpieza de peligros, dado que en una de las unidades se vivía una situación de violencia doméstica que dejaba rastros de sangre en el pasillo superior. Desafortunadamente, no podíamos identificar con certeza de qué unidad se trataba, aunque sabíamos que estaba ubicada en el segundo piso, donde se encontraban la mayoría de las propiedades administradas por esta compañía. Además, esta empresa realizaba cambios frecuentes de inquilinos sin previo aviso. En una ocasión, trasladaron a una familia numerosa a uno de los estudios subarrendados, lo que planteó problemas de espacio y seguridad al utilizar nuestra escalera trasera para almacenar una gran cantidad de objetos, incluyendo juguetes, un árbol de Navidad completo, basura y hasta una pequeña barbacoa de carbón, causando daños a la estructura de madera debido a las brasas caídas. No pudimos desalojarlos durante la pandemia de COVID-19, por lo que nos vimos obligados a contratar una empresa de eliminación de objetos tras numerosos intentos de notificar a los inquilinos acerca de retirar sus pertenencias.

    Enviamos múltiples cartas a esta pequeña empresa en relación con las numerosas violaciones del contrato de arrendamiento, lamentablemente, sin recibir respuesta. Esta situación se volvió en contra de la empresa, ya que una vez que se dieron cuenta de que no podíamos desalojarlos, dejaron de pagar el alquiler por completo. A pesar de que los subarrendatarios continuaron abonando su renta, la organización se negó a pagarnos, lo que nos dejó cubriendo una parte significativa de los gastos del edificio de nuestro propio bolsillo, mientras vivíamos con mis suegros. Deseábamos no tener que desalojar a todos los inquilinos, ya que carecíamos de los recursos económicos necesarios para renovar cada una de esas unidades, lo que resultaría costoso.

    En un esfuerzo por encontrar una solución creativa a esta compleja situación, logramos que todos los inquilinos actuales firmaran nuevos contratos de arrendamiento directamente con nosotros por un monto de alquiler mensual reducido, correspondiente a lo que originalmente deberíamos haber recibido de la empresa que subarrendaba las unidades. Esta solución resultó beneficiosa para todas las partes involucradas, permitiéndonos eliminar a la organización de la ecuación al establecer contratos de arrendamiento directo con los inquilinos, al tiempo que les proporcionamos un alquiler mensual más accesible. Posteriormente, enviamos una carta exigiendo el pago de los alquileres atrasados a la empresa, advirtiéndoles que tomaríamos medidas legales. En respuesta, recibimos un cheque por un valor superior a los 5,000 dólares esa misma semana. Aunque esta medida resolvió algunos de los problemas relacionados con las unidades, todavía enfrentábamos desafíos con algunos inquilinos que se negaban a pagar, incluso después de la firma de nuevos contratos de arrendamiento.

Poco a poco, fuimos encontrando soluciones creativas para desalojar a los inquilinos que no cumplían con sus obligaciones financieras. Sin embargo, estas medidas no fueron bien recibidas, y algunos inquilinos expresaron su descontento. Incluso hubo un incidente en el que uno de ellos robó nuestro refrigerador del segundo piso, siendo observado por Eileen, quien optó por no intervenir debido a la relación de amistad que tenía con el culpable, con la esperanza de evitar el pago de varios meses de alquiler impago y los bienes sustraídos.

A medida que profundizamos en la comprensión de nuestros inquilinos con ingresos más bajos, descubrimos que para muchos de ellos, formar parte del programa de viviendas de la Sección 8 era el logro máximo. En esta comunidad, la Sección 8 se percibía como un objetivo a alcanzar, y aquellos que la mantenían se consideraban afortunados. Si bien para la mayoría de nosotros, depender de la Sección 8 podría no parecer atractivo, en este contexto, había sido inculcado desde temprana edad, similar a cómo algunos de nosotros fuimos alentados por nuestros padres a seguir carreras en la medicina o la abogacía. Con el tiempo, notamos que los inquilinos de la Sección 8 en nuestra comunidad estaban satisfechos con su situación y algunos incluso se esforzaban por mantenerla, incluso si eso implicaba tomar decisiones controvertidas, como tener más hijos para mantener un subsidio más alto.

Por otro lado, algunos de los otros programas temporales nos proporcionaron inquilinos con una mayor motivación para mejorar sus vidas. Uno de estos programas, centrado en ayudar a las familias sin hogar, ofrecía a nuestros inquilinos un período de uno o dos años para reconstruir sus vidas con el apoyo activo de trabajadores sociales. Estos programas demostraron ser más prometedores, ya que los inquilinos estaban altamente motivados para enderezar sus destinos. Con la implementación de estos programas, fuimos testigos de la transformación de personas que antes vivían en las calles, brindándoles una solución de vivienda más estable en poco tiempo. Un ejemplo destacable fue el caso de un padre soltero y sus dos hijas, quienes anteriormente residían en su automóvil hasta que nuestra organización de vivienda les ayudó a obtener un contrato de alquiler en nuestro edificio. La familia llegó emocionada, y nuestra comunidad les dio la bienvenida con los brazos abiertos, incluso Eileen les preparó una tarta. El padre no pudo evitar llorar de alegría al recibir las llaves, finalmente tenían un lugar permanente para él y sus dos pequeñas hijas. Estuvieron en nuestro edificio durante exactamente un año antes de ser aceptados en un programa que les permitió mudarse a una casa unifamiliar en un vecindario más agradable.

Esta organización, dedicada a proporcionar viviendas permanentes a las personas sin hogar, se convirtió en nuestra favorita. Establecimos una sólida relación de trabajo con Nancy, la principal asistente social. Sin embargo, no siempre fue así. Cuando Eileen nos presentó por primera vez a esta organización, aún no habíamos gestionado una unidad por nuestra cuenta sin la ayuda de un administrador de propiedades profesional. En las primeras etapas de nuestra colaboración con Eileen, le encargamos algunas reparaciones menores, la pintura y la limpieza de la unidad antes del día de la mudanza. Parecía una tarea sencilla. Eileen nos aseguró que todo estaba listo, por lo que mi esposo hizo el viaje de seis horas para finalmente conocer a Eileen y Nancy en persona.

Sin embargo, cuando llegó, encontró los pasillos del edificio llenos de hojas debido a un día húmedo y ventoso, y alguien había dejado la puerta del edificio abierta. Las huellas de barro se extendían por el pasillo antes de que el suelo estuviera seco. Esa fue la primera impresión que Nancy tuvo al entrar en el edificio. Mi esposo, avergonzado porque se suponía que todo estaba en perfectas condiciones, comenzó a enrojecer. La situación empeoró cuando entraron en la unidad y descubrieron persianas rotas, una barra de armario faltante y escombros en el suelo. Nancy, claramente frustrada, señaló a Eileen lo que debía hacerse. Cuando Nancy intentó abrir los armarios inferiores de la cocina, Eileen le advirtió bruscamente: "¡No abras eso!". Nancy dio un salto hacia atrás y, con una expresión temerosa, preguntó: "¿Por qué? ¿Qué hay ahí?". Eileen, también avergonzada, explicó que había un gato allí debajo y que aún no había limpiado ese espacio, que tenía una cama para gatos y estaba completamente desordenado. Afortunadamente, Nancy no nos rechazó en ese momento y nos brindó otra oportunidad. Lo curioso es que, mientras instruía a Eileen sobre cómo arreglar la habitación, Nancy y Eileen se hicieron buenas amigas.

A pesar de todos los desafíos y altibajos, sigo participando en programas de vivienda subvencionada hasta el día de hoy, ya que he aprendido que las personas son personas, independientemente de si están en un programa de vivienda subvencionada o no, y deben ser evaluadas como tales. También descubrí que la Sección 8 no es la única opción en el ámbito de la vivienda subvencionada; existen numerosas alternativas, algunas de las cuales son incluso más efectivas que la Sección 8. Algunos programas de vivienda subvencionada colaboran activamente con los propietarios para lograr resultados satisfactorios, lo que a su vez les proporciona acceso a más unidades. Cuando comenzamos a colaborar con Nancy, expresó su interés en ocupar todas nuestras unidades vacantes y nos solicitó que la informáramos sobre cualquier unidad disponible antes de ponerla en venta. Mirando hacia atrás, a pesar del estrés experimentado, considero que valió la pena, ya que pudimos brindar un hogar a unas diez personas sintecho y mejorar sus vidas durante los tres años en que fuimos propietarios del edificio.

El Robin Hood de la Calle

Después de desalojar a varios inquilinos morosos, nos encontramos con varias unidades vacantes que necesitábamos llenar. Fue entonces cuando Eileen nos advirtió sobre algunos solicitantes falsos que intentaban ocupar nuestras unidades. Resultó que un traficante local de drogas llamado Darío se había enterado de las múltiples vacantes y estaba detrás de este intrincado plan. En ese momento, no teníamos idea de lo que esto implicaba. Eileen nos explicó que, aunque en papel parecían inquilinos ideales, con empleos estables y un excelente historial crediticio, en realidad, Darío les estaba pagando para mudarse y tomar el control de la unidad. Su plan consistía en ser aceptados, mudarse y, de inmediato, entregar la unidad a cambio de una suma considerable para convertirla en un punto de venta de drogas. Esto nos preocupaba profundamente, ya que estábamos en medio de una moratoria de desahucios debido a la pandemia de Covid-19, lo que nos dejaba en una posición legal complicada si ingresaban a la unidad. Temíamos las consecuencias legales de rechazar a estos aparentemente calificados inquilinos, pero al mismo tiempo, comprendíamos la pesadilla que se avecinaba si permitíamos que se vendieran drogas en nuestro edificio.

A medida que comenzamos a rechazar a los solicitantes falsos, Darío obtuvo el número de teléfono de mi esposo después de acosar a uno de nuestros inquilinos. Recibir una llamada del principal traficante de drogas de una de las ciudades más peligrosas puede poner a cualquiera nervioso. Sin embargo, la distancia de seis horas nos otorgaba una confianza inmerecida. La llamada de Darío comenzó de manera sorprendentemente profesional, lo que nos tomó desprevenidos.

"Llamo en nombre de Latrice y quiero saber por qué no se ha aprobado su solicitud", declaró Darío, casi como si fuera el asistente social de la solicitante.

Tomado por sorpresa, mi esposo respondió: "¿Quién es?".

"Soy Darío", murmuró, y mi esposo supo de inmediato que era la persona que intentaba convertir nuestra unidad en un punto de venta de drogas. Mi esposo sabía que esto no podía continuar y le respondió de manera contundente: "No sé cómo obtuviste mi número. Si Latrice quiere contactarme, que lo haga. Esto no tiene nada que ver contigo. No tienes ningún derecho sobre mi unidad. No vuelvas a llamarme".

Nunca antes lo habíamos escuchado hablar de esa manera a nadie, y Darío nunca volvió a llamarnos. Sin embargo, el problema persistió. Nunca estábamos seguros si una solicitud era genuina o no, y tuvimos que confiar en nuestro juicio. Después de muchas noches de insomnio, ideamos una solución. Comenzamos a decirles a los presuntos inquilinos falsos que solo alquilábamos a beneficiarios del programa de la Sección 8, lo que pareció disuadirlos. Incluso consideramos la posibilidad de celebrar reuniones con agentes de policía en las áreas comunes de nuestro edificio para hacer que el lugar fuera menos atractivo. Unas semanas más tarde, el problema se resolvió por sí solo cuando Eileen nos informó de que el traficante de drogas había sido asesinado a tiros recientemente y ya no sería una preocupación.

Lo que no sabíamos en ese momento era que Darío era una figura importante en la zona y gozaba de gran apoyo en la comunidad de bajos ingresos. Era un gánster duro, pero también era conocido por brindar apoyo a muchas familias necesitadas. Este traficante de drogas era considerado el "Robin Hood" del vecindario. Cuando falleció, la comunidad organizó un gran desfile estilo Mardi Gras en nuestra calle en su honor. Muchos lo extrañaron, pero no hace falta decir que finalmente pudimos descansar un poco más tranquilos.

El Ataque de las Cucarachas

La mayoría de ustedes sabe que como propietario, es necesario destinar aproximadamente el 30% de sus ingresos totales al mantenimiento de su vivienda. Sin embargo, si posee un edificio antiguo que principalmente se dedica a subvencionar la vivienda, deberá prepararse para gastar el doble en mantenimiento y conservación. Mantener el edificio en las mismas condiciones en las que lo adquirió ha sido una lucha constante desde el momento de la compra. Al comprar el edificio, había pasado por una rápida reventa y las unidades apenas habían sido restauradas. Dado que estaban remodelando el complejo de apartamentos, no se tomaron el tiempo para examinar minuciosamente a los inquilinos que ocupaban las unidades. Simplemente llenaron el edificio y lo vendieron, lo que da una idea de la calidad de inquilinos que heredamos.

Uno de los desafíos más significativos a los que nos enfrentamos en nuestros hogares fue la presencia de cucarachas. Si alguno de ustedes ha tenido la desafortunada experiencia de lidiar con una infestación de cucarachas alemanas, comúnmente conocidas como "las pequeñas", comprenderá lo problemáticas que pueden ser para erradicar. Siempre sentía un alivio momentáneo cuando veía cucarachas más grandes desde el exterior de la vivienda, ya que sabía que serían relativamente fáciles de eliminar. Sin embargo, las cucarachas pequeñas generaban un estrés duradero. En nuestro primer apartamento, el cual apenas podíamos costear, tuvimos una infestación tan grave que, al apagar las luces, se podía escuchar el inquietante correteo de estos insectos. Mi hermano aún recuerda vívidamente las noches que pasó en mi apartamento, donde las cucarachas se apoderaban de cada rincón en cuanto se oscurecía. A pesar de múltiples tratamientos en la habitación, las cucarachas simplemente se desplazaban a otras áreas del apartamento y regresaban con fuerza una vez que los efectos del veneno se disipaban. Descubrimos que la única forma efectiva de deshacernos de ellas era tratar todo el edificio de manera simultánea.

Inmediatamente notifiqué a mi casero después de un desagradable incidente en el que una cucaracha cruzó mi rostro mientras dormía. A los pocos días, al regresar al apartamento para recoger mis pertenencias, me enfrenté a una lluvia de cucarachas que caían del marco de la puerta al entrar en lo que solía ser mi hogar. Incluso después de mudarnos, las cucarachas nos siguieron en nuestras cajas de mudanza, muebles y dispositivos electrónicos. Muchos de nuestros muebles y aparatos electrónicos se vieron irremediablemente afectados y tuvimos que desecharlos. Las pocas pertenencias que pudimos salvar tuvimos que dejarlas afuera y desinfectarlas en la entrada de nuestra nueva casa para prevenir la propagación de estas plagas asquerosas. Por lo tanto, entiendo de primera mano lo aterrador que puede ser vivir con cucarachas.

Cuando se trataba de las viviendas de alquiler subvencionado, las cucarachas se convirtieron en un problema constante. Incluso si lográbamos eliminarlas temporalmente, regresaban rápidamente debido al suministro continuo de muebles usados infestados o a la costumbre de algunos inquilinos de recoger objetos de la calle. Recuerdo una vez encontrar una caja de comida abandonada frente al apartamento de un inquilino, llena de cucarachas. Estábamos decididos a ganar la batalla contra estos diminutos invasores. Implementamos tratamientos mensuales en nuestras unidades y fumigamos todo el edificio en varias ocasiones. Desafortunadamente, siempre había algunos inquilinos que se negaban a brindarnos acceso. Curiosamente, estas eran las mismas unidades cuyos inquilinos a menudo intentaban evadir el pago del alquiler y presentar quejas ante la autoridad de vivienda. Afortunadamente, nunca fuimos sancionados, ya que demostramos de manera efectiva nuestro compromiso con la solución del problema y manteníamos registros detallados de nuestros esfuerzos de control de plagas con una empresa profesional.

A pesar de evitar citaciones relacionadas con las cucarachas, con frecuencia recibíamos multas por violar las nuevas ordenanzas de limpieza de la ciudad. La municipalidad aprobó una ordenanza para penalizar a los propietarios de edificios cuyos inquilinos dejaban muebles, colchones u otros objetos en las aceras. Constantemente nos encontrábamos lidiando con multas después de que transeúntes o incluso personas de otros edificios abandonaran sus objetos frente a nuestro complejo de apartamentos. Luego de numerosas multas y la creciente frustración de tener que lidiar con la constante acumulación de colchones viejos, encontré una solución. Descubrí un número de denuncia de la ciudad para informar sobre aceras obstruidas. Sin revelar que era el propietario, llamaba y reportaba los objetos abandonados en la calle o frente a nuestro edificio. La ciudad enviaba a alguien a recogerlos, lo que nos ahorraba cientos de dólares en multas.

Otro gran problema al que nos enfrentamos fue el vertido ilegal de basura por parte de otros propietarios de edificios en nuestra misma cuadra. Incluso los sorprendí in fraganti al ver a otro propietario de edificio descargando su basura desbordada en nuestro contenedor, dejando a nuestros inquilinos sin otra opción que apilar sus desechos en la acera. La situación se agravó durante la pandemia de COVID-19, ya que el servicio de recogida de basura con frecuencia se suspendía debido a la escasez de personal. A pesar de seguir pagando una factura considerable por la gestión de la basura, recibíamos multas del ayuntamiento cada vez que se acumulaba basura en las afueras del contenedor. Desafortunadamente, este problema persistió y no pudimos resolverlo, a pesar de nuestros esfuerzos. Incluso implementamos una cerradura en barra para nuestro contenedor y proporcionamos llaves a cada inquilino. Lamentablemente, ninguno de los inquilinos se molestaba en cerrar el contenedor después de depositar su basura, lo que solo agravaba nuestra interminable batalla contra las cucarachas.

Además de enfrentarnos a la constante acumulación de basura y la presencia de cucarachas que la acompañaba, nuestros inquilinos encontraron maneras de desafiarnos. En una ocasión, después de enviar una serie de advertencias por incumplimiento del contrato de arrendamiento, un inquilino desconocido respondió disparando un extintor que estaba en el pasillo del piso de arriba. Poco después, recibimos una denuncia de los bomberos por no tener un extintor sin usar en esa planta.

Una de las reparaciones más costosas que tuvimos que llevar a cabo en nuestro edificio fue la sustitución de dos tanques de agua de 400 galones cada uno. Con uno de ellos ya fuera de servicio y el segundo al borde del colapso, nos vimos obligados a actuar con rapidez para evitar dejar a nuestros inquilinos sin agua caliente. Las empresas con las que consultamos nos pedían 10,000 dólares por el trabajo, una cifra que simplemente no encajaba en nuestro presupuesto en ese momento. Era evidente que nos estaban cobrando un exceso, ya que los contratistas con los que hablamos dejaron claro que creían que no teníamos otra opción que pagar su tarifa desorbitada. Actuando con astucia, ideamos un plan alternativo. Logramos reunir a un grupo de trabajadores locales con los que ya habíamos colaborado en nuestra ciudad natal y los llevamos hasta nuestro complejo de apartamentos, que estaba a seis horas de distancia, para llevar a cabo la tarea. A pesar de los gastos de transporte, alojamiento, alimentación y un salario justo para estos trabajadores, el costo total resultó ser menos de la mitad de todas las ofertas previas.

Una de las lecciones más valiosas que aprendimos mientras gestionábamos este edificio fue encontrar formas eficientes de mantenerlo en buen estado sin agotar nuestros recursos financieros. Entre las batallas contra las cucarachas, la gestión de vertidos ilegales y el esfuerzo por mantener el edificio en buen estado, teníamos nuestras manos ocupadas. Pequeñas acciones, como contactar con el municipio para la recolección de colchones o encontrar soluciones ingeniosas para el mantenimiento, nos permitieron ahorrar miles de dólares y mantener el edificio en condiciones durante estos tiempos difíciles.

El Gigante Gentil

Uno de nuestros inquilinos, Darius, ocupaba la unidad número dos y desempeñaba el papel de guardia de seguridad no oficial en el edificio. Darius era un hombre de gran envergadura, con 150 kg de peso, y solía pasar su tiempo frente al edificio. En general, no nos causaba problemas y, de vez en cuando, contribuía al complejo de apartamentos cuando necesitaba dinero extra. Por ejemplo, cuando dos hombres adultos se esforzaban por mover dos calentadores de agua de 200 kg desde el sótano, él los recogió sin sudar y simplemente nos preguntó dónde deseábamos que los colocara. A pesar de que los líderes de las bandas locales intentaban reclutarlo como su fuerza de seguridad, él no mostraba ningún interés en involucrarse.

A lo largo de los años, Darius se convirtió en una presencia constante en nuestro edificio. Incluso mi esposo le enseñó a conducir un día que él estaba en la ciudad. Darius había adquirido recientemente un coche nuevo y lo protegía con gran dedicación. A menudo se le encontraba trabajando en su Scion XB dentro de nuestro complejo, pero rara vez salía a conducir. Un día, mientras mi esposo estaba realizando algunas reparaciones en el edificio, notó a Darius sentado en los escalones, con lágrimas en los ojos, como si alguien hubiera herido profundamente sus sentimientos. "¿Qué sucede?", le preguntó mi esposo. Darius explicó que tenía una clase de conducción programada para ese día, pero su instructor se había echado atrás en el último momento. Mi esposo dejó de lado sus herramientas y llevó a Darius a su primera lección de manejo, realizando un trámite en el banco local en el camino.

Nuestro gigante amable tenía sus imperfecciones. Él sufría una discapacidad grave y tenía la capacidad mental de un niño de siete años. Eileen era supuestamente su cuidadora, aunque hasta el día de hoy, sigo sin estar segura de lo que hacía, ya que cada vez que entrabas en su unidad, te asaltaba un olor abrumador a comida en mal estado. Su vivienda estaba siempre en estado de desorden, con cajas de pizza vacías y alimentos caducados esparcidos por todas partes. Estoy bastante segura de que nuestro problema con las cucarachas tenía su origen en su unidad, dado que era uno de los lugares más antihigiénicos que había visto jamás. No obstante, el mayor problema residía en el intenso enamoramiento que Darius sentía por Eileen. Él sinceramente creía que mantenía una relación con ella, lo que se tornó problemático, ya que se volvía celoso cuando Eileen compartía tiempo con mi esposo. Nos dimos cuenta de que nos habíamos convertido en enemigos sin quererlo.

La noche previa a una inspección del edificio para posibles compradores, recibimos una llamada que nos tomó por sorpresa: nuestra persona de confianza que supervisaba el lugar se encontraba en prisión. "¿Cómo pudo pasar esto...?" exclamé en la casa de una amiga mientras intentaba entender la situación. Todo comenzó el día anterior, cuando mi esposo invitó a Eileen a almorzar para agradecerle por su arduo trabajo. Sin embargo, mientras Eileen estaba ausente, Darius se sumía en una creciente ira, convencido de que mi esposo le había "robado" a su novia. Eileen no hizo nada para calmar la situación, ya que parecía disfrutar de la atención que esto generaba.

Cuando Eileen regresó al edificio para ver a Darius, este estaba furioso y, en un acceso de frustración, destrozó el televisor y desmanteló la habitación. Temerosa de su reacción violenta, Eileen empuñó un cuchillo y le hizo un corte de advertencia en el antebrazo. Al escuchar esta historia, me imaginé un antebrazo gravemente herido y sangrante, pero al verlo al día siguiente, apenas parecía un rasguño. Naturalmente, llamamos a la policía, lo que resultó en el arresto de Eileen y la confiscación de todas las llaves necesarias para la inspección programada para el día siguiente. "No te preocupes", dijo mi esposo, confiado en que pagaría su fianza. Sin embargo, al averiguar que la fianza ascendía a 150.000 dólares, esa opción quedó fuera de consideración. En lugar de eso, nos enfrentamos a la inspección con la asistencia de nuestro agente, quien viajó desde nuestra ciudad, pero lamentablemente no tenía acceso a las llaves. En el transcurso de la inspección, no encontramos cerrajeros disponibles en ese momento. Sin embargo, por suerte, logramos acceder al 90% de las unidades. Para lograrlo, mi esposo tuvo que ingeniárselas y se deslizó a través de conductos de ventilación debajo del edificio para entrar en algunas unidades a través de las ventanas de los baños, ya que estas ventanas daban al interior del edificio.

Eileen fue liberada unos días después, pero la situación continuó empeorando. Durante su tiempo en la cárcel, la hermana de Darius sospechaba que Eileen había robado pertenencias personales de su hermano. En un momento de furia, irrumpió en la unidad de Eileen utilizando una palanca, causando graves daños al marco de la puerta. Cuando Eileen finalmente fue liberada, estaba comprensiblemente furiosa por lo sucedido. Nos informó de que tenía su machete y afirmó que no permitiría que nadie entrara en su unidad bajo su supervisión. A pesar de mis intentos por mantener a ambos separados, debido a la naturaleza problemática de su relación, resultó imposible lograrlo.

Un día, me enteré de que Eileen estaba nuevamente en la unidad de Darius. Decidí trazar una línea y establecer que uno de ellos debía marcharse para evitar más conflictos. Sorprendentemente, Eileen nos informó en tono tranquilo que habían hecho las paces. Darius había llegado a su unidad días atrás, actuando como un niño hambriento que recurre a su madre. Eileen le preparó dos bolsas de nuggets de pollo, y como por arte de magia, todo quedó perdonado. La complejidad de esta relación codependiente me desconcertaba, pero en ese momento, aparte de la opción de desalojar a uno de ellos, lo cual aún estaba prohibido, no había mucho más que pudiera hacer.

La tensa relación entre Darius y Eileen se prolongó durante un período considerable. Cada dos meses, nuestra persona encargada desaparecía súbitamente durante unos días debido a alguna emergencia médica imprevista. Después de los incidentes que involucraron a Eileen y Darius, nos preocupó aún más cuando no logramos contactar con ella durante casi una semana, a pesar de que su automóvil seguía estacionado afuera. Comenzando a inquietarnos, consulté a nuestros inquilinos si alguien la había visto salir del edificio, a lo que todos respondieron negativamente. Con crecientes sospechas, persuadí a uno de nuestros otros contactos en el lugar para que revisara la habitación de Darius y confirmara que ella no estaba allí. Sin éxito en esa búsqueda, les pedí que investigaran si había algún indicio de actividad en la unidad de nuestra persona encargada, preocupado de que pudiera haber ocurrido alguna tragedia en su unidad. Justo cuando estaba a punto de llamar a un cerrajero para forzar la puerta de su habitación, recibí una llamada informándome de que había regresado del hospital tras haber tenido una emergencia médica. Respiré aliviado al saber que nadie había perdido la vida en mi edificio durante mi turno de guardia.

El conflicto entre Eileen y Darius se fue intensificando hasta el punto en que se requería la presencia de la policía cada semana debido a disturbios domésticos. En ocasiones, tanto Eileen como Darius llamaban a la policía alegando robos, o los propios inquilinos llamaban debido a los ruidos provenientes de una de sus unidades. Este aumento constante en el drama se volvió insostenible para nosotros, y nos vimos obligados a pedirle a Eileen que se mudara para mantener una distancia necesaria entre ella y el no tan amable gigante.

La Ruleta Rusa Eléctrica

Durante la pandemia de Covid-19, la situación se asemejaba a un "sálvese quien pueda" con los inquilinos haciendo todo lo posible para evitar pagar sus facturas. Al igual que la mayoría de los propietarios, nos encontramos con la típica negativa a pagar el alquiler debido a la crisis sanitaria. Sin embargo, lo que más nos desconcertó y generó una acumulación de facturas de mantenimiento fue el tema de la electricidad.

Comenzamos a enfrentar problemas eléctricos, con inquilinos que se quejaban de facturas excesivas o de que solo la mitad de las tomas eléctricas de sus unidades funcionaban correctamente. Al principio, no le dimos mucha importancia, ya que los inquilinos solían consumir grandes cantidades de electricidad y, en ocasiones, hacían que los fusibles se fundieran. Incluso sorprendimos a un inquilino extendiendo un largo cable de extensión por su ventana para alimentar la autocaravana de un amigo estacionada fuera de nuestro edificio.

Confesiones de un Arrendador de Sección 8

Sin comprender la verdadera causa de estos problemas, contratamos a varios electricistas sin obtener resultados. Hasta que un día, un hábil vecino nos reveló que, en ocasiones, los inquilinos de bajos ingresos desconectaban el cableado de su disyuntor para evitar pagar la electricidad. En ese momento, teníamos a dos okupas en la propiedad, y se habían adentrado recientemente en nuestro sótano utilizando una barra de hierro, lo que hacía que esta sorprendente explicación pareciera plausible. Finalmente, tras agotar todos los recursos con los electricistas, decidí pedirle a mi padre, que había trabajado como electricista durante muchos años, que viniera a la propiedad conmigo. Juntos, revisamos cada una de las 12 unidades, inspeccionando cada enchufe a lo largo de dos días y etiquetando a qué disyuntor estaba asignado cada uno de ellos en ese momento. Después de una exhaustiva investigación, descubrimos que cada unidad estaba pagando aproximadamente la mitad de su factura de electricidad, mientras que la otra mitad se asignaba a otra unidad.

Después de un arduo proceso que involucró cortes de energía y exhaustivas investigaciones en cada unidad, finalmente logramos reconfigurar todo el sistema eléctrico del edificio. Sin embargo, lamentablemente, continuamos enfrentando problemas en el sótano. No solo nuestros inquilinos intentaban modificar el cuadro eléctrico, sino que también enfrentábamos intrusiones por parte de transeúntes que buscaban establecerse en nuestras instalaciones subterráneas. A pesar de que la puerta principal del edificio estaba cerrada con llave, algunos inquilinos permitían el acceso a sus amigos, comprometiendo la seguridad de todo el edificio.

Una de las transeúntes mostró un particular interés en nuestro lugar y siguió regresando. Más tarde, descubrimos que en realidad era una familiar de una de nuestras inquilinas. Esta individua no solo ingresaba al sótano usando herramientas improvisadas, sino que también acosaba a las inquilinas a altas horas de la noche, solicitando diversos objetos e incluso llegó a agredir a una de ellas. A pesar de que llamábamos repetidamente a la policía por allanamiento de morada, este enfoque resultaba insuficiente, ya que la policía simplemente la alejaba, dejándola a solo unas cuadras del edificio. En cuestión de días, el problema volvía a repetirse.

Desesperada por encontrar una solución más efectiva para detener estas intrusiones frecuentes y los daños a la propiedad, decidí consultar en la comisaría. Me explicaron que la única opción era obtener una orden de alejamiento, pero solo podía solicitarla si vivía en el edificio. Dado que no era residente del complejo de apartamentos, me encontré en un callejón sin salida, a menos que pudiera persuadir a una de las inquilinas a presentar dicha orden y llevar el caso a los tribunales, lo cual parecía poco probable, ya que la mayoría de ellas evitaba los conflictos legales y la intervención policial.

Sin embargo, una de nuestras inquilinas decidió tomar el asunto en sus propias manos sin que nosotros lo supiéramos. Utilizando los recursos disponibles, ideó un plan para lidiar con la transeúnte problemática. Le proporcionó una bebida con tetrahidrozolina, un componente que se encuentra en los colirios y que contrae los vasos sanguíneos de los ojos, reduciendo su enrojecimiento. Lamentablemente, si se ingiere, esta sustancia puede ralentizar el ritmo cardíaco y la respiración, llevando a una persona al coma. Como resultado, la transeúnte quedó incapacitada y fue dejada en el pueblo vecino. Quedé consternada cuando me enteré de la situación; sin embargo, posteriormente confirmamos que seguía con vida después del incidente. Por supuesto, nunca volvimos a tener problemas de este tipo.

Ten en cuenta que la puerta de acceso al sótano era extremadamente resistente. Estaba fabricada en metal y contaba con una malla metálica que se suponía que sería un impedimento para la mayoría de las personas. Sin embargo, nuestros inquilinos y los transeúntes de nuestra calle no formaban parte de la mayoría. Venían equipados con palancas, cortaalambres y una determinación que, de ser aplicada en la vida correcta, les habría llevado lejos. Al final, decidimos invertir en una puerta de prisión de metal macizo hecha a medida para el sótano. Los 2.000 dólares que gastamos en ella resultaron ser la mejor inversión de mi vida. Aunque ahora podíamos dormir más tranquilos por las noches, sabiendo que teníamos una puerta prácticamente indestructible, varios inquilinos se mostraron indignados. Recibí numerosos mensajes de voz furiosos de inquilinos que se quejaban de que ya no podían acceder a su cuadro eléctrico. Hubo una inquilina en particular que llamó repetidamente, sosteniendo que tenía derecho a acceder al cuadro eléctrico de su unidad, y esto nos llevó a descubrir quién había estado manipulando el cableado del edificio.

El Temido Incidente de Resbalón y Caída

La pesadilla más grande para cualquier propietario es encontrarse en medio de una demanda por resbalón y caída. He conocido a varios propietarios que han decidido retirarse por completo del sector inmobiliario debido a la frecuencia con la que se enfrentan a este tipo de demandas. Después del desastre eléctrico, Karen, residente de la unidad número cinco, nos exigió que asumiéramos el costo total de su factura de electricidad del año. Conscientes de que había habido un problema en su unidad, estábamos dispuestos a compensarla. Sin embargo, para proceder, solicitamos copias de sus facturas eléctricas. Necesitábamos estas facturas no solo para verificar la cantidad a pagar, sino también para determinar cuándo surgió el problema, ya que estábamos seguros de que no había estado presente durante todo el año. Karen se negó rotundamente, y la compañía eléctrica no pudo proporcionarnos la información debido a que la cuenta estaba a su nombre.

Confesiones de un Arrendador de Sección 8

Después de semanas de disputas y solicitudes de documentación necesaria para liberar los fondos, Karen me envió un mensaje de texto amenazando con buscar otras formas de compensación si no cumplíamos con sus exigencias y pagábamos el año completo sin las copias de las facturas de servicios. Frustrada, dado que ya habíamos acordado compensarla, accedí y pagué la factura completa de servicios públicos del año, incluyendo los recargos por retraso y falta de pago. Justifiqué esta acción como una manera de poder dormir tranquila por las noches y evitar preocupaciones adicionales. Sin embargo, esta resultó ser la peor decisión que tomé mientras fui propietaria de este edificio.

Finalmente, Karen nos remitió un documento en el que mostraba haber acudido al médico para someterse a radiografías. Sin embargo, surge la duda sobre si comprendió plenamente las conclusiones del informe, ya que, de lo contrario, no nos habría proporcionado documentación que posteriormente podría poner en tela de juicio su caso. Según el documento, aunque se observaban indicios de una fractura delgada en el brazo, se sugería que esta lesión se debía claramente a un traumatismo previo. A pesar de que Karen nunca expresó directamente ninguna queja, pronto comenzamos a recibir cartas amenazadoras de un abogado especializado en casos de lesiones personales.

Confesiones de un Arrendador de Sección 8

Dado que nunca habíamos enfrentado una demanda antes, nos encontrábamos sumamente preocupados. Decidimos consultar a un abogado y nos aconsejaron que no respondiéramos hasta que recibieran una notificación oficial de la demanda. En ocasiones, asuntos de este tipo se resuelven por sí mismos, ya que muchos de estos abogados de lesiones personales están simplemente buscando oportunidades sin la intención real de presentar una demanda legal. En las cartas amenazadoras, se advertía que, en caso de no proporcionar la información de nuestro seguro, incluyendo nuestra franquicia máxima, tomarían medidas legales adicionales. Además, requerían el acceso a toda nuestra videovigilancia, la cual no poseíamos en ese momento. Aunque habíamos tenido algunas cámaras instaladas en un período anterior, los inquilinos solían retirarlas y venderlas para obtener dinero extra. Aún conservábamos una cámara que no funcionaba, pero todos los inquilinos eran conscientes de su estado inoperable.

Pocos días después, nos informaron que Karen había resbalado en el pequeño escalón de la entrada del edificio mientras regresaba a su unidad tarde en la noche después de visitar a su familia en Ohio. Afirmó haberse fracturado el brazo y deseaba que Eileen firmara un formulario en el que aseguraba haber sido testigo del incidente, aunque en realidad nadie había estado presente. Durante todo este tiempo, Karen no había pedido nada, simplemente nos informaba mientras recopilaba información para su caso. Cuando Eileen se negó a firmar los documentos, Karen comenzó a acosarla diariamente, golpeando su puerta y gritándole para que accediera a sus demandas. Eileen nos hizo saber que Karen golpeaba frecuentemente su ventana con el brazo que supuestamente se había lastimado, el cual llevaba en cabestrillo.

Seguimos enfrentando un año completo de cartas amenazadoras provenientes de sus abogados, una tras otra, sin respuesta de nuestra parte. Cada nueva correspondencia indicaba que debíamos responder antes de una fecha límite, bajo la amenaza de emprender acciones legales. Sin embargo, las fechas límite pasaban sin que se tomara ninguna acción. Afortunadamente, habíamos adoptado precauciones para proteger nuestros intereses. Habíamos estructurado la propiedad de nuestra propiedad bajo una LLC, la cual estaba a su vez bajo la tutela de un holding en Wyoming. Esta estrategia nos permitía mantener nuestra identidad resguardada y disuadía a los demandantes de tomar acciones legales.

Finalmente, decidimos vender la propiedad, y en ese momento, recibí un mensaje de texto enfurecido de Karen. Ella había sido notificada por los nuevos propietarios de la venta y sobre a quién debían pagar el alquiler. Su ira se debía a que había perdido la oportunidad de obstaculizar la venta retrasándola. Karen intentó un nuevo enfoque alegando que debíamos informar a los inquilinos sobre la venta del edificio con 120 días de anticipación a la fecha de cierre. Aunque esto era cierto para viviendas residenciales, no aplicaba a edificios comerciales. Su último mensaje, antes de que bloqueara su número, fue: "Nos vemos en los tribunales, zorra". Al día siguiente, recibimos una notificación oficial de la demanda.

Me sentí aliviada por no haber respondido a todas esas cartas y por haber evitado la notificación hasta que ya no fuéramos propietarios del edificio. Si nos hubieran notificado antes, habríamos tenido que revelar la demanda, lo que probablemente habría obstaculizado la venta durante años, a pesar de que nuestro seguro cubría todos los costos de la demanda sin una franquicia. Aun así, tuvimos que pasar por un estresante proceso judicial y deposiciones.

Nuestro abogado, tras revisar todos los hechos, nos aseguró que teníamos un 99% de posibilidades de ganar si el caso llegaba a los tribunales, ya que se trataba de una demanda infundada. Sin embargo, nos explicó que lo más probable era que la compañía de seguros llegara a un acuerdo extrajudicial, ya que era una opción más económica. Los abogados especializados en daños personales utilizan numerosas tácticas de intimidación para hacer parecer que están dispuestos a llevar el caso a juicio, y eso fue precisamente lo que sucedió. Después de un año y medio de litigio, cuando ya habíamos fijado una fecha de juicio con nuestro equipo legal, recibimos una carta en la que se nos informaba que nuestra reclamación al seguro había sido cerrada tras llegar a un acuerdo por $37,500. La carta generó emociones encontradas, ya que, si bien estábamos aliviados de que el litigio hubiera llegado a su fin, fue difícil aceptar que alguien obtuviera ganancias de una reclamación falsa. Ahora sabemos que este tipo de casos son lamentablemente comunes y, en última instancia, son simplemente un costo asociado a los negocios.

Vendiendo lo Invendible

Cuando llegó la pandemia de COVID-19, decidimos que era hora de dejar atrás los problemas asociados con nuestro edificio y poner la propiedad en venta. Iniciamos este proceso con la esperanza de venderla en tres meses o menos, a un precio ligeramente superior al que la habíamos adquirido. Nuestro objetivo principal era alcanzar el punto de equilibrio. Sin embargo, lo que realmente nos afectó fue nuestro préstamo comercial. Quienes hayan lidiado con préstamos comerciales sabrán que pueden ser bastante complicados. Requieren un pago inicial significativo, generalmente del 20% al 35%, y a menudo se trata de préstamos de tasa ajustable que deben refinanciarse cada cinco años. Esto implica pagar repetidamente intereses por adelantado.

Durante este proceso, aprendimos la importancia de optar por préstamos residenciales para propiedades de menos de cinco unidades o acceder a mejores condiciones para préstamos comerciales con 16 unidades o más y un monto mínimo de un millón de dólares. Nos encontrábamos en una situación intermedia, donde obtener un préstamo comercial resultaba difícil y nos atábamos a condiciones desfavorables. Durante los dos años y medio que tuvimos la propiedad, casi el 99.9% de nuestros pagos se destinaron a intereses, lo que significó que solo reducimos el saldo del préstamo en unos pocos miles de dólares. A pesar de que incrementamos las rentas de todas las unidades, lo que aumentó sustancialmente el valor de la propiedad, también nos afectó una penalización del 5% por pago anticipado del préstamo, sin mencionar la comisión del 6% que debimos abonar a nuestro agente inmobiliario, lo que supuso un total del 11% que tuvimos que añadir al precio de compra original para alcanzar el punto de equilibrio.

Finalmente, decidimos poner el edificio en venta a través de un agente inmobiliario localmente reconocido. El agente empleó una estrategia de alto nivel con fotografías profesionales, tomas aéreas de drones y un paquete de marketing para atraer a posibles compradores, además de listar la propiedad en LoopNet. Sin embargo, durante tres meses, no recibimos ninguna oferta. Al expresar nuestras preocupaciones al agente, comenzamos a recibir algunas ofertas a la baja, ninguna de las cuales nos resultaba rentable. En ese momento, un amigo mío llamado Trevor, quien también era agente inmobiliario comercial y extremadamente perspicaz, decidió analizar cómo mi agente estaba promocionando mi propiedad después de escuchar mis numerosas quejas sobre la falta de resultados. En cuestión de segundos, Trevor señaló múltiples debilidades en la estrategia de marketing de mi agente, comparándola con un queso suizo debido a la cantidad de agujeros que identificó. Recuerdo claramente cuando me dijo: "LoopNet es donde las oportunidades de negocio se estancan".

Reconociendo que el precio era un factor problemático, decidimos retirar la propiedad del mercado después de seis meses y la cedimos a un mayorista que conocíamos, a un precio significativamente reducido y fijo. La idea que teníamos en mente era reducir la comisión del agente, que era del 6%, y bajar el precio para hacer la propiedad más atractiva. Después de implementar estos cambios, experimentamos una avalancha de posibles compradores, lo cual nos entusiasmó enormemente. En aquel momento, parecía que retirar la propiedad del mercado era la solución que estábamos buscando. Sin embargo, lamentablemente, la mayoría de estos compradores resultaron ser mayoristas no declarados que buscaban adquirir la propiedad para luego asignarla a otros compradores. Esto dio lugar a una fatiga de inspecciones, ya que llegábamos a la mitad del proceso solo para descubrir que los compradores no podían seguir adelante con las inspecciones. Después de meses de frustración, estaba a punto de darme por vencido.

Fue entonces cuando decidí contactar a Trevor y compartirle nuestra situación. Generosamente, se ofreció a intervenir, incluso dispuesto a viajar hasta nosotros para llevar a cabo las inspecciones si teníamos un comprador genuino interesado. Dado su historial, le di una oportunidad a pesar de las seis horas de distancia que nos separaban. Trevor adoptó una estrategia completamente diferente en comparación con mi agente anterior. En lugar de poner la propiedad en la MLS, LoopNet u otros sitios de marketing convencionales, la mantuvo como una "venta discreta" y se dedicó a hacer llamadas telefónicas a todos los propietarios en la ciudad para ver si estaban interesados en adquirir otro edificio. Dado el potencial del edificio, especialmente para inversionistas locales, este enfoque parecía ser más eficaz, aunque la distancia de seis horas seguía siendo un desafío significativo. Pronto, nos dimos cuenta de que ningún inversionista con propiedades en la misma ciudad tenía interés en nuestra calle, excepto el concejal Rick Johnson, quien nos ofreció trescientos mil dólares por debajo de nuestro precio inicial. Ante esta situación, Trevor cambió nuestra estrategia y comenzó a dirigirse a pequeños propietarios que vivían fuera de la ciudad y estaban interesados en adquirir un edificio más grande.

A diferencia de mi anterior agente, quien se comunicaba cada viernes sin motivo aparente, Trevor solo se ponía en contacto cuando tenía información relevante. Descubrí esto cuando me presentó dos ofertas ganadoras que había estado evaluando minuciosamente, rechazando aquellas que no tenían fundamento. Esta actitud redujo mi nivel de estrés, ya que solía invertir mucho tiempo en cada oferta, tratando de encontrar una solución a esta pesadilla de propiedad.

Finalmente, ingresamos a la fase de negociación y Trevor cumplió su promesa de viajar hasta la propiedad para estar presente durante la inspección. Había escuchado historias de terror a lo largo de los años y bromeó diciendo: "Nunca he tenido que llevar mi arma de fuego a una inspección, pero esta podría ser la excepción". Trevor era un hombre alto, de cabello rapado, que solía vestir con traje en todas las inspecciones de sus propiedades. Dado que sabíamos que para mis inquilinos podría parecer un oficial de policía, discutimos la posibilidad de que dejara el traje en casa. A pesar de algunos problemas con las llaves y la falta de acceso al edificio debido a que Eileen estaba en prisión en ese momento, Trevor manejó la situación con gran habilidad. No se rindió ante un "no" como respuesta y logró ingresar a la unidad mientras los inquilinos intentaban cerrarle la puerta en la cara. Gracias a la ayuda de Trevor, no solo pudimos vender el edificio, sino que obtuvimos un 11% más de lo que habíamos pagado por él, y un poco más. Cuando finalmente se concretó la venta, mi esposo bromeó diciendo que podría haber besado a Trevor, a lo que él respondió con humor que podríamos agradecerle no haciéndolo.

Nos sentimos inmensamente aliviados de haber logrado vender finalmente el edificio, que había estado en el mercado durante más de un año. Nuestro comprador adquirió la propiedad justo cuando los programas de ayuda por la pandemia comenzaron a estabilizarse. Aunque sentimos que habíamos vivido un auténtico infierno y que habíamos envejecido 10 años debido al inmenso estrés, no cambiaríamos nada de lo que hicimos. Como dicen, la adversidad fortalece. Aprendimos mucho en el proceso y pudimos refinar nuestra estrategia de inversión, trasladando nuestros fondos fuera del estado a zonas de clase C, lo que resultó en rendimientos asombrosos. Además, conseguimos que aproximadamente 10 familias pasaran de la falta de vivienda a tener un hogar estable. Me enorgullecía saber que, a pesar de todas las experiencias complicadas, nuestros agentes inmobiliarios aún nos consideraban uno de los mejores arrendadores de la zona.

Aprendiendo del Fracaso

El fracaso es a menudo considerado como la llave que nos conduce al éxito, ya que nos brinda la valiosa oportunidad de aprender de nuestros errores. A pesar de que tuvimos la fortuna de no perder todas nuestras posesiones durante esta experiencia, experimentamos reiterados fracasos en diversos aspectos de la gestión de este volátil edificio. Estas experiencias nos brindaron lecciones invaluables que no se pueden adquirir en las aulas. Fue una auténtica prueba de fuego, y ciertamente nos sentimos desafiados. A continuación, presentamos algunas lecciones que obtuvimos de esta experiencia, las cuales nos permitieron refinar nuestra estrategia de inversión y alcanzar rendimientos significativamente superiores.

Uno de los principios fundamentales en bienes raíces es la "ubicación, ubicación, ubicación". Este mantra se ha escuchado en repetidas ocasiones. Mientras muchos inversionistas optan por centrarse exclusivamente en propiedades de clase A o B, que a menudo se encuentran en vecindarios de alta categoría y son construcciones modernas, yo no comparto esa perspectiva. Aunque desaconsejo invertir en vecindarios de clase F plagados de delincuencia y edificios en decadencia, creo que existe un término medio. Las propiedades de clase A brindan seguridad pero a menudo ofrecen un bajo rendimiento, similar a una cuenta de ahorros. Estas propiedades pueden no generar flujo de efectivo, ya que los propietarios confían en la apreciación a largo plazo. En cambio, he encontrado éxito en los vecindarios de clase C, donde disfruto ayudando a familias de ingresos bajos a encontrar soluciones de vivienda permanente.

A pesar de todas las experiencias compartidas en este libro, sigo respaldando los programas de viviendas subvencionadas. Sin embargo, antes de invertir en cualquier área, enfatizo la importancia de investigar exhaustivamente la salud económica de la ciudad, las oportunidades laborales disponibles y las tasas de criminalidad locales. Fuentes valiosas de información incluyen otros inversionistas locales en plataformas como BiggerPockets, sitios web de seguimiento del crimen y la revisión del plan de desarrollo económico de la ciudad. Además, si alguna vez un proveedor de seguros rechaza una propiedad debido a su ubicación, la recomendación es clara: ¡evite esa propiedad a toda costa!

Confesiones de un Arrendador de Sección 8

Atribuyo una parte significativa del éxito de nuestra primera inversión en propiedades a su proximidad geográfica. Si estás dando tus primeros pasos en el mundo de las inversiones, te insto encarecidamente a invertir en una propiedad que se encuentre a menos de una hora de distancia. Esto te permitirá tener un enfoque más práctico mientras aprendes los entresijos del negocio. Conforme ganes experiencia, la proximidad física puede volverse menos relevante, siempre y cuando tengas un administrador de propiedades local experimentado. La gestión de nuestro complejo de apartamentos de 12 unidades durante la pandemia no habría sido tan complicada si hubiéramos estado más cerca o si hubiéramos contado con un administrador de propiedades experimentado dispuesto a asumir la responsabilidad.

Una fuente valiosa para obtener información sobre una zona antes de invertir son los administradores de propiedades. La elección adecuada de estos profesionales puede marcar la diferencia entre el éxito y el fracaso. Siempre es recomendable buscar un gestor competente antes de adquirir una propiedad en una nueva área. Aprendí una valiosa lección sobre cómo tratarlos adecuadamente, a pesar de los desafíos que enfrentamos con nuestra primera propiedad. Continué aprendiendo de mis interacciones con varios de ellos en Ohio e Indiana. Al principio, debo admitir que no fui la persona más fácil de tratar, ya que contraté a una serie de gestores inadecuados.

Aunque hay administradores de propiedades ineficientes, también existe una fina línea entre tener una visión para tu propiedad y ser un propietario que quiere controlar todo. Uno de los mayores desagrados de los administradores de propiedades es lidiar con un propietario que intenta hacer su trabajo. Por lo tanto, es de suma importancia examinar cuidadosamente las empresas de administración de propiedades antes de contratarlas. Al confiar en ellos, estás entregando tu valiosa inversión, por lo que es esencial asegurarse de que puedan llevar a cabo su labor sin constante intervención por parte del propietario.

La razón principal que me llevó a cambiar de administradora de propiedades en mi primera experiencia fue la gestión contable. Por tanto, al entrevistar a posibles candidatos, es fundamental solicitar una copia detallada de su contabilidad y los contratos de arrendamiento vigentes. Esto facilitará la evaluación de su capacidad para entender y gestionar los registros financieros sin necesidad de seguimientos constantes. Al principio, solía llevar a cabo entrevistas exhaustivas, respaldadas por una lista extensa de preguntas que investigaba previamente. Sin embargo, en la actualidad, me limito a requerir una revisión de su contrato de administración, donde se describen sus servicios y tarifas. La mayoría suele cobrar alrededor del 10% mensual del alquiler bruto, aunque están dispuestos a ajustar sus tarifas a medida que se aumenta el número de unidades.

Es importante destacar que no se debe limitar la búsqueda únicamente por las tarifas más bajas, ya que en muchas ocasiones, lo que se obtiene se corresponde con lo que se paga. Personalmente, estoy dispuesto a invertir más si puedo beneficiarme de un equipo de mantenimiento excepcional o de políticas de arrendamiento bien planificadas, lo que a la larga puede ahorrar cientos de dólares. Mi enfoque principal radica en analizar minuciosamente los honorarios y servicios adicionales, ya que estos pueden sumar considerablemente si no se les presta atención.

Una vez que encuentre una empresa de gestión inmobiliaria que le inspire confianza y le resulte satisfactoria, es fundamental cultivar esa relación. Los servicios de gestión inmobiliaria de calidad son altamente valiosos en este ámbito. En mi caso, he centrado la mayoría de mis inversiones en una ubicación específica debido a mi excepcional equipo de gestión inmobiliaria en esa área. Para mantener una relación fructífera con ellos, me aseguro de referir nuevos negocios siempre que sea posible. Además, un pequeño gesto de agradecimiento, como enviar una caja de caramelos See's Candies en Navidad, ha fortalecido considerablemente nuestra relación. Los gestores de propiedades desempeñan un papel crucial en la gestión de inquilinos, y un simple acto de gratitud puede marcar la diferencia.

Una vez que encuentre un candidato competente en el que confíe y se sienta cómodo, es fundamental mantener una relación sólida con él. Los administradores valiosos son un activo preciado. En mi caso, sigo invirtiendo principalmente en una determinada área porque está dentro del alcance de mi equipo preferido. Para mantener una relación fructífera, me aseguro de remitirles nuevos negocios siempre que sea posible. Además, el gesto de un regalo bien pensado, como una caja de caramelos See's Candies durante la temporada navideña, ha demostrado ser una forma efectiva de mantener contentos a mis colaboradores. Teniendo en cuenta que su labor puede ser desafiante al lidiar con los inquilinos, un simple acto de agradecimiento puede tener un impacto significativo en la colaboración y la eficiencia general del equipo.

Otra pregunta frecuente que recibo es sobre cómo atraer inquilinos de la Sección 8. Si tiene una unidad en alquiler en una zona de bajos ingresos, es probable que reciba solicitudes de inquilinos de la Sección 8 automáticamente. La Sección 8 determina el pago según el número de habitaciones y puede consultar la tarifa para su código postal específico a través del proveedor local de la Sección 8. Cuando evalúe a los solicitantes de la Sección 8, realice un proceso de selección riguroso, similar al que aplicaría a cualquier otro inquilino.

Durante la mudanza, asegúrese de que todos los ocupantes estén registrados en el vale de la Sección 8, ya que cualquier ocupante adicional puede descalificar a la unidad. La principal diferencia radica en las inspecciones iniciales y anuales que deben pasar, así como las reparaciones necesarias. Si la unidad no supera la inspección inicial, no se preocupe, recibirá una lista de reparaciones necesarias antes de poder alquilarla.

Existen elementos que puede eliminar de la unidad para facilitar el proceso de aprobación de la Sección 8 y reducir la necesidad de reparaciones constantes. Por ejemplo, los frigoríficos no son obligatorios; puede pedir a los inquilinos que los proporcionen. Esto evita problemas como la sobrecarga del frigorífico que obstruye los conductos de ventilación. También es común que los inquilinos dañen o quiten las puertas de los armarios, que no son necesarias para la Sección 8. Otros elementos prescindibles incluyen lavavajillas, trituradores de basura, ventiladores de techo y puertas de mosquitera. Revise estos detalles y elimínelos para evitar costosas reparaciones durante las inspecciones.

Independientemente de si tiene una casa unifamiliar o un complejo de apartamentos, es importante cerrar adecuadamente las tuberías de agua exteriores para prevenir usos no autorizados, como piscinas improvisadas o lavaderos de autos. En edificios más grandes con múltiples unidades, asegure la caja eléctrica de manera efectiva para evitar alteraciones no autorizadas. Además, durante las inspecciones anuales de la Sección 8, asegúrese de que los detectores de humo estén en su lugar, ya que los inquilinos suelen retirarlos debido a las pilas agotadas. Si desea obtener información detallada sobre qué eliminar o modificar para pasar las inspecciones de la Sección 8, le recomiendo encarecidamente el libro "La Biblia de la Sección 8" de Michael Mclean y Nick Cipriano, que dedica 186 páginas a este tema.

Esperamos que, al concluir la lectura de este libro, hayas adquirido conocimientos valiosos sobre lo que conviene evitar en el ámbito de las inversiones inmobiliarias y comprendas que, incluso en situaciones desfavorables, es posible prosperar con casi cualquier inversión en bienes raíces. A diferencia del mercado de valores, la inversión inmobiliaria tiene una dinámica particular: experimenta años buenos y malos, pero se respalda en un activo físico que puede enriquecerse con el tiempo. Mediante la optimización de los alquileres y la incorporación de mejoras, es factible lograr que tu propiedad se aprecie, incluso en los momentos más desafiantes.

La inversión inmobiliaria es diferente de las inversiones en el mercado de valores, ya que implica activos físicos que pueden mejorar con el tiempo. A través de aumentos de alquileres o mejoras en la propiedad, puede aumentar su valor incluso en momentos difíciles. A pesar de haber enfrentado desafíos en nuestra inversión inicial debido a la falta de experiencia, aprendimos valiosas lecciones. Desde entonces, hemos logrado convertir una propiedad en Dayton, Ohio, y hemos diversificado nuestras inversiones fuera del estado, generando ingresos pasivos gracias a un equipo de gestión inmobiliaria excepcional.

En California, las tasas de capitalización suelen rondar el 3%-4%, basadas en propiedades completamente pagadas. Sin embargo, en lugares como Indiana, hemos encontrado oportunidades en vecindarios de clase C, donde pudimos alcanzar tasas de capitalización del 20%. Asumiendo un nivel de riesgo mayor, también hemos contribuido a la revitalización de la comunidad al adquirir y renovar edificios conforme a los estándares de la Sección 8, aumentando así la oferta de viviendas asequibles en la ciudad.

Esta ciudad en particular enfrentó una disminución significativa debido al colapso de General Motors, su principal empleador. El éxodo resultante dejó edificios abandonados y en ruinas. Sin embargo, con la llegada de nuevas empresas y esfuerzos de desarrollo económico, los inversionistas comenzaron a revitalizar la comunidad para satisfacer la creciente demanda de viviendas. Nuestra experiencia en la gestión de un edificio de 12 unidades en una zona de clase F fue un factor decisivo que nos brindó el valor necesario para explorar nuevos mercados fuera del estado.

Actualmente, muchas de nuestras inversiones han experimentado un aumento considerable en su valor, lo que nos brinda la oportunidad de recuperar nuestra inversión inicial por completo. Esta decisión resultaría en una rentabilidad ilimitada, dado que no tendríamos capital retenido en la operación. Este enfoque nos permite reinvertir y revitalizar otras propiedades dentro de nuestra comunidad de viviendas. A pesar de que algunos pueden interpretarlo como una obsesión por las ganancias, es fundamental recordar que, aunque nos esforzamos por ser propietarios responsables al cuidar a nuestros inquilinos y mantener nuestros edificios en condiciones óptimas, al final

Confesiones de un Arrendador de Sección 8

del día, esto se trata de una inversión. Esperar que los propietarios operen con pérdidas sería poco realista, ya que esto limitaría su capacidad para crear oportunidades de vivienda. De hecho, los propietarios desempeñan un papel crucial en la prevención de la falta de vivienda al invertir en soluciones habitacionales, y el gobierno lo reconoce, ofreciendo incentivos fiscales para fomentar la inversión inmobiliaria.

Desde nuestra experiencia como administradores de nuestro complejo de apartamentos, hemos desarrollado habilidades más sólidas para evaluar de manera efectiva posibles acuerdos. Sin embargo, también mantenemos en mente la noción de "¿Qué tan malo podría ser?" Hemos enfrentado desafíos en el pasado y hemos superado adversidades, lo que nos ha conferido la confianza necesaria para seguir explorando nuevas oportunidades y asumir ciertos riesgos. Con el conocimiento adquirido hasta ahora, alentamos a otros a dar el paso y explorar su propio potencial. Invertir en propiedades en áreas de clase C, de manera responsable, no solo es una forma de contribuir a la comunidad, sino también de garantizar la seguridad financiera a largo plazo. Para aquellos que luchan por los derechos de los inquilinos con ingresos limitados, los instamos a llevar su compromiso un paso más allá convirtiéndose en propietarios responsables que contribuyan a crear soluciones de vivienda adecuadas.

Epilogo – Retribución

Soluciones de Vivienda Permanentes

A lo largo del proceso de creación de este libro, colaboré estrechamente con diversos grupos de defensa de la vivienda con el objetivo de abordar el persistente problema de la falta de viviendas asequibles para personas de bajos ingresos y, al mismo tiempo, diseñar mejores estrategias para soluciones de vivienda permanente. Mi experiencia como gerente de un complejo de apartamentos en una de las ciudades más desafiantes de Estados Unidos me permitió presenciar y comprender muchos de los obstáculos que enfrentan los propietarios independientes, así como la lucha cotidiana de muchas familias de bajos recursos para mantenerse en sus viviendas. Mi misión era encontrar soluciones que fueran ventajosas para todas las partes involucradas y fomentar un diálogo en el que todos pudieran contribuir a crear mejores vías hacia la vivienda permanente.

Confesiones de un Arrendador de Sección 8

Reconozco que en este esfuerzo, mi perspectiva como propietaria puede generar diferentes reacciones, especialmente en un contexto donde la problemática habitacional se ha agravado desde la década de 1980 y ha desarrollado problemas sistémicos profundos. Es cierto que muchas de las soluciones que propongo pueden beneficiar a los propietarios, pero ¿no podrían también ser beneficiosas para los inquilinos? Creo firmemente que existen soluciones en las que todos puedan ganar. ¿Por qué alguien tiene que perder para que otro tenga éxito? En el pasado, lamentablemente, ha sido así. Los inquilinos a menudo han perdido mientras que los propietarios han prosperado, a veces incluso a expensas de los inquilinos. Sin embargo, esto no tiene por qué ser así.

He presenciado de primera mano las consecuencias cuando se implementan nuevas leyes de alquiler sin la participación activa de los propietarios. Lo que comienza como un esfuerzo bienintencionado a menudo termina en resultados desastrosos. Por ejemplo, en 2019, Nueva York prohibió el uso de registros de desalojos como criterio de selección de inquilinos. En respuesta, muchos propietarios elevaron el requisito de puntuación crediticia a 700 puntos. Esto no solo dificultó que los inquilinos con historial limpio de desalojos pudieran alquilar, sino que también excluyó a solicitantes que, aunque tuvieran historiales de desalojo limpios, tenían puntuaciones crediticias inferiores. Esta medida generó un éxodo masivo de propietarios de Nueva York, reduciendo la disponibilidad de alquileres y aumentando los costos en un 30% en algunas áreas.

¿Deberían los propietarios ser parte de este debate?

Algunos defensores de la vivienda argumentan que no debería haber propietarios y que todas las viviendas de alquiler deberían ser proporcionadas por el gobierno o entidades sin ánimo de lucro. Aunque no estoy completamente de acuerdo con esta afirmación general, estoy dispuesta a reconocer que ciertos grupos podrían beneficiarse más si una entidad más equipada se encargara de sus necesidades de vivienda. Por ejemplo, en el libro "¿ So You Want to Solve Homelessness?" de Andrew Hening, se describen tres grupos distintos de personas sin hogar.

En primer lugar, hay quienes necesitan ayuda financiera puntual para recuperarse de dificultades temporales, como costosas facturas médicas, divorcios u otros eventos que pueden descarrilar sus vidas. La mayoría de nosotros ha experimentado momentos inesperados en los que hemos tenido que recurrir a amigos o familiares para volver a encarrilarnos. ¿Qué ocurre si no se tiene ese sistema de apoyo? Uno de estos infortunios podría afectar la estabilidad de la vivienda. Para estas personas, una asistencia financiera puntual, como un depósito de seguridad, podría ser la ayuda necesaria para superar sus dificultades.

El segundo grupo comprende a quienes llevan más tiempo sin vivienda y requieren asistencia a corto y medio plazo, combinada con servicios de apoyo, para encontrar una vivienda permanente. Estos casos son similares a la organización con la que colaboré, que ayudaba a padres solteros sin hogar a acceder a viviendas y les proporcionaba apoyo durante los primeros años, junto con servicios integrales para garantizar su éxito después de graduarse del programa. Este grupo podría beneficiarse enormemente de la colaboración entre propietarios independientes y organizaciones sin ánimo de lucro locales. Los propietarios podrían desempeñar un papel fundamental en esta estrategia trabajando con administradores de relaciones con propietarios, y ofreciendo acceso a unidades antes de que estén disponibles en el mercado abierto, lo que ayudaría a garantizar viviendas para sus beneficiarios.

El tercer grupo está compuesto por personas sin hogar crónicas, que llevan más de un año sin vivienda y necesitan soluciones de vivienda permanente, así como atención adicional para abordar sus necesidades mentales y físicas. Estas personas representan el segmento más vulnerable de nuestra comunidad, y requieren soluciones de vivienda permanentes proporcionadas por proveedores que también puedan ofrecer los servicios de apoyo necesarios. En este caso, estoy de acuerdo en que este grupo no sería mejor atendido por pequeños propietarios independientes, ya que necesitan cuidados adicionales.

Otro aspecto que he observado al iniciar esta conversación es la percepción común sobre quiénes son los propietarios. A menudo se piensa que los propietarios son hombres blancos adinerados o herederos de grandes fortunas que solo persiguen el beneficio económico. Sin embargo, descubrí que, contrariamente a esta creencia popular, muchos propietarios independientes de pequeña escala no encajan en esta descripción estereotipada. A pesar de tener una idea preconcebida sobre el grupo demográfico que domina el mercado de alquiler de viviendas, decidí poner a prueba mi teoría y los resultados me sorprendieron.

Aunque una parte significativa del mercado de alquiler está controlada por grandes conglomerados (un 41%), cerca de la mitad de las unidades de alquiler en Estados Unidos son propiedad de pequeños propietarios independientes, a menudo conocidos como "mom & pop". Este grupo posee en promedio tres viviendas y el 45% administra personalmente sus propiedades. Aunque sus ingresos medios combinados alcanzan los 97,000 dólares al año, el 31% de sus ingresos proviene de sus propiedades en alquiler. A menudo imaginamos a los propietarios como personas ricas y despreocupadas cuyo único interés es obtener ganancias del alquiler. Sin embargo, estas cifras confirman mi teoría de que muchos propietarios son individuos que complementan sus ingresos con propiedades de alquiler para enfrentar el alto costo de vida.

Lo que me sorprendió aún más fue descubrir que el 44% de los propietarios tienen entre 18 y 34 años. Esta estadística se atribuye en gran medida a la tendencia creciente de la "house hacking", donde los individuos compran propiedades con la intención de vivir en una parte mientras alquilan otras para reducir sus gastos. Además, se están viendo propietarios jóvenes que, con poca formación en la gestión de propiedades, buscan aumentar sus ingresos. Reconociendo esto, podríamos desarrollar programas educativos que ayuden a formar a estos propietarios en las regulaciones y normativas, ayudándoles a convertirse en "buenos propietarios".

La definición de un "buen propietario" puede variar según la perspectiva de cada persona. En mi opinión, un "buen propietario" es alguien con buenas intenciones, dispuesto a cambiar cuando se da cuenta de que está equivocado. Es receptivo y proactivo en cuanto a las solicitudes de mantenimiento, mantiene las propiedades en buen estado y busca soluciones beneficiosas para todos los inquilinos. Trata a todos los inquilinos por igual y respeta todas las políticas de vivienda justa. En mi opinión, la intención es fundamental. Muchos de estos propietarios son personas que intentan abordar cuestiones complejas con poca experiencia en la gestión de propiedades. La buena intención es la mitad de la batalla, y en la mayoría de los casos, estos propietarios bienintencionados solo necesitan un poco de orientación adicional.

Muchos propietarios buscan consejos e información en línea o a través de otros inversionistas. Por ejemplo, Bigger Pockets es una comunidad en línea donde los propietarios comparten consejos y resuelven problemas relacionados con la gestión de propiedades. Imagine el impacto positivo que podríamos lograr si se ofrecieran recursos educativos para propietarios a través de las agencias locales de vivienda. A pesar de que la interacción con otros propietarios puede ser beneficiosa, estos provienen de diversos contextos y niveles de experiencia. Si tuviéramos una plataforma educativa estandarizada disponible para todos los propietarios, creería que veríamos un cambio positivo sustancial. Los propietarios podrían certificarse a través de un programa educativo, con el incentivo de que sus unidades reciban prioridad en la colocación.

Confesiones de un Arrendador de Sección 8

Ahora que hemos obtenido una comprensión más profunda de quiénes son los propietarios y cómo encajan en el panorama de la vivienda, podemos explorar diversas formas en que los propietarios pueden contribuir a soluciones y cómo motivarlos a unirse a las estrategias que estamos a punto de discutir.

Uno de los desafíos más importantes que enfrentamos al colocar inquilinos es que muchas empresas de gestión de propiedades utilizan criterios de selección que excluyen automáticamente a la mayoría de los inquilinos con subsidios. Los propietarios deben asegurarse de que sus criterios de selección sean justos y cumplan con las leyes de vivienda justa. A menudo, estas barreras incluyen requisitos como:

- Verificación de que los ingresos de los solicitantes son 3 veces el alquiler mensual
- Comprobación del crédito
- Comprobación de antecedentes
- Cuota de solicitud

Durante mi investigación, tuve la oportunidad de asistir a un debate organizado por el Departamento de Vivienda y Desarrollo Urbano (HUD) que abordó el compromiso de los propietarios y la adquisición de unidades de vivienda. Este evento reunió a defensores de la vivienda, inquilinos subvencionados y propietarios de todo el país para debatir diversas cuestiones relacionadas con la vivienda y compartir sus experiencias sobre lo que había funcionado en sus respectivas áreas geográficas. Uno de los aspectos centrales de las discusiones se centró en la necesidad de eliminar las "barreras de entrada" que dificultan la participación de los propietarios en programas de vivienda subvencionada. Se exploraron posibles estrategias para persuadir a los propietarios a renunciar a algunas o todas las revisiones estándar que suelen exigir, con el objetivo de permitir que más personas necesitadas accedan a viviendas asequibles.

Otro tema de gran relevancia durante el debate se centró en cómo incrementar la disposición de los propietarios a aceptar inquilinos que participan en programas de vivienda subvencionada. Se discutieron enfoques y soluciones para fomentar una mayor colaboración entre propietarios y agencias de vivienda, con el fin de aumentar la disponibilidad de viviendas asequibles para quienes más lo necesitan. Una solución que ha demostrado ser efectiva es la inclusión de administradores de relaciones con propietarios en los programas de vivienda con subsidios. Esto permite tener tanto un defensor de los inquilinos (los trabajadores sociales) como un defensor de los propietarios (el administrador de relaciones con propietarios). A menudo, los propietarios son renuentes a trabajar con estos programas porque sienten que son juzgados o despreciados por los trabajadores sociales u otros miembros del personal. Personalmente, he llamado a organizaciones en busca de ayuda para encontrar soluciones para mis inquilinos y me han respondido con frases que insinuaban que ser propietaria era motivo de repugnancia. La verdad es que todos tenemos prejuicios, y a menudo utilizamos un lenguaje distinto al comunicarnos.

Contar con un gerente de relaciones que pueda establecer asociaciones con los arrendadores participantes a menudo permite a la organización adquirir unidades incluso antes de que estén disponibles en el mercado abierto. Como ejemplo, trabajé en un programa de vivienda subvencionada que tenía una gerente de relacionamiento que se comunicaba conmigo mensualmente para explorar posibles unidades disponibles para alquiler. Estas conversaciones mensuales no solo me brindaban la oportunidad de discutir los desafíos que estábamos enfrentando, fortaleciendo así nuestra relación, sino que también me permitían asignar la mayoría de mis unidades antes de que se hicieran públicas. Esta estrategia resultó muy beneficiosa para los propietarios, ya que contaban con alguien que podía asistirlos en identificar áreas de mejora y tenían unidades listas para alquilar, eliminando la espera de 4-6 semanas para encontrar nuevos inquilinos.

Con relación a la reducción de las "barreras de entrada", una opción que destaca y que he observado funcionar en situaciones reales es lo que denominaron un sistema de "pago unificado". Normalmente, cuando se tiene un inquilino de la Sección 8, se recibe una parte subvencionada directamente de la Sección 8, y el inquilino paga el resto. Esto a menudo resulta en retrasos en los pagos y desalojos debido a pequeños atrasos en el alquiler que se acumulan con el tiempo. En algunas regiones, se utiliza un sistema de "pago unificado". Aquí, la Sección 8 u otros programas de subsidios entregan el monto total del alquiler a los propietarios, mientras que el inquilino paga su parte a la Sección 8 en lugar de al propietario. Esta modalidad beneficia tanto a los propietarios, al ahorrarles la búsqueda del alquiler restante y simplificar el papeleo, como al programa de subsidios y al inquilino, al reducir las tasas de morosidad y el estrés que muchos inquilinos sienten cuando les falta dinero para el alquiler. Además, elimina la necesidad de que los inquilinos cumplan con requisitos de ingresos 3 veces superiores y verificación de crédito,

Otro tema relevante en la actualidad son las verificaciones de antecedentes. El condado de Alameda, en

California, ha prohibido recientemente estas verificaciones por completo para la selección de inquilinos. Aunque entiendo la lógica detrás de esta decisión, los propietarios están preocupados por perder esta herramienta de evaluación. Lo que más buscan los arrendadores, además del historial de desalojos, es la detección de delitos violentos, violencia doméstica, pedofilia y delitos relacionados con bandas o drogas. Todos necesitan viviendas, pero también es responsabilidad de los propietarios mantener sus edificios seguros para los demás inquilinos. Si un propietario acumula demasiados incidentes en los que se llama a la policía o se reporta actividad delictiva en su propiedad, podría enfrentar sanciones financieras significativas y posibles acciones legales, además de perder inquilinos a largo plazo si no mantiene un ambiente seguro y adecuado para las familias.

Entonces, ¿cómo podemos hacer que los propietarios estén dispuestos a renunciar voluntariamente a las verificaciones de antecedentes? Cuando existe una sólida asociación entre los arrendadores y los gerentes de relaciones, a menudo es posible abordar este problema mediante discusiones para establecer límites claros. Los trabajadores sociales conocen a sus clientes y sus historiales. Al compartir esta información con los encargados de las relaciones con los propietarios, se puede colaborar en la colocación de inquilinos llegando a acuerdos mutuos con los arrendadores sobre qué antecedentes penales serían aceptables y cuáles no.

Estas son ideas y soluciones que he debatido con mis colegas inversionistas. Todos coinciden en que, si abordamos este problema desde una perspectiva colaborativa, podríamos resolver muchos de nuestros desafíos relacionados con la vivienda. Con demasiada frecuencia, abordamos estos problemas desde un punto de vista de confrontación, lo que limita las oportunidades de colaboración. Todos compartimos el objetivo de resolver estos problemas, y aunque es posible que no todos estén de acuerdo con mi perspectiva, espero que esto inicie un diálogo constructivo. Tal vez, incluso con aquellos que tienen opiniones divergentes. Cuando encontramos terreno común, podemos construir soluciones que beneficien a todos y promuevan una mayor unidad en el tema de la vivienda.

Fuentes

El Comienzo del Fin

1. Kiyosaki, Robert T. Rich Dad Poor Dad. New Delhi: Manjul Publishing House, 2020.

El Caso de la Administradora Ausente

2. Desmond, Matthew. Evicted: Poverty and Profit in the American City. New York: Crown Publishers, 2016.

Aprendiendo del Fracaso

3. Cipriano, Nick, and Michael McLean. Section 8 Bible. M. McLean, 2007.

Epilogo - Retribución

4. Hening, Andrew. So You Want to Solve Homelessness? Start Here, 2022.

5. JPMorgan Chase & Co. "How did landlords fare during COVID?" Accessed May 4, 2023.https://www.jpmorganchase.com/institute/research/household-debt/how-did-landlords-fare-during-covid

6. Tenant Screening | TransUnion SmartMove | Tenant Background Check."TransUnion Research on Landlord Characteristics [Infographic] Smartmove|." Accessed May 4, 2023.https://www.mysmartmove.com/SmartMove/blog/todays-landlord-characteristics-infographic.page

7. Guzman, Gloria. "U.S. Median Household Income Up in 2018 From 2017." United States

8. Census Bureau, Accessed May 4, 2023. https://www.census.gov/library/stories/2019/09/us-median-household-income-up-in-2018-from-2017.html

9. HUD Exchange. "Rapid Rehousing Roundtable Discussion Series: Landlord Engagement and Unit Acquisition – Part 1." Accessed May 4, 2023. https://www.hudexchange.info/trainings/courses/rapid

Confesiones de un Arrendador de Sección 8

-rehousing-roundtable-discussion-series-landlord-engagement-and-unit-acquisition/

www.ingramcontent.com/pod-product-compliance
Lightning Source LLC
Chambersburg PA
CBHW060851220526
45466CB00003B/1321